Uni-Taschenbücher 1088

UTB

Eine Arbeitsgemeinschaft der Verlage

Birkhäuser Verlag Basel und Stuttgart
Wilhelm Fink Verlag München
Gustav Fischer Verlag Stuttgart
Francke Verlag München
Harper & Row New York
Paul Haupt Verlag Bern und Stuttgart
Dr. Alfred Hüthig Verlag Heidelberg
Leske Verlag + Budrich GmbH Opladen
J. C. B. Mohr (Paul Siebeck) Tübingen
C. F. Müller Juristischer Verlag – R. v. Decker's Verlag Heidelberg
Quelle & Meyer Heidelberg
Ernst Reinhardt Verlag München und Basel
K. G. Saur München · New York · London · Paris
F. K. Schattauer Verlag Stuttgart · New York
Ferdinand Schöningh Verlag Paderborn · München · Wien · Zürich
Eugen Ulmer Verlag Stuttgart
Vandenhoeck & Ruprecht in Göttingen und Zürich

Wirtschafts- und Sozialtexte
herausgegeben von Prof. Dr. Egon Tuchteldt

Arnim Bechmann

Grundlagen der Planungstheorie und Planungsmethodik

Eine Darstellung mit Beispielen
aus dem Arbeitsfeld der Landschaftsplanung

Verlag Paul Haupt Bern und Stuttgart

Prof. Dr. *Arnim Bechmann*, 1943, studierte Mathematik, Physik und Wirtschaftswissenschaften in Göttingen und Berlin, 1969 Studienabschluss als Diplom-Mathematiker, 1971 bis 1974 Assistent am Institut für Finanzpolitische Forschung der Freien Universität Berlin, 1974 bis 1979 Akademischer Oberrat am Institut für Landschaftspflege und Naturschutz der Technichen Universität Hannover, 1975 Promotion zum Dr. rer. pol. an der Freien Universität Berlin, 1977 Habilitation für Planungstheorie und Planungsmethodik an der Technischen Universität Hannover. Seit 1979 Professor für Landschaftsökonomie an der Technischen Universität Berlin. Veröffentlichung von Büchern sowie Beiträge in Fachzeitschriften und Sammelwerken.

CIP-Kurztitelaufnahme der Deutschen Bibliothek

Bechmann, Arnim:
Grundlagen der Planungstheorie und Planungs-
methodik: e. Darst. mit Beispielen aus
d. Arbeitsfeld d. Landschaftsplanung / Arnim
Bechmann. – Bern; Stuttgart: Haupt, 1981.
(Uni-Taschenbücher; 1088: Wirtschafts- u.
Sozialtexte)
ISBN 3-258-03020-0
NE: GT

Eigentlich lernen wir nur
von Büchern, die wir nicht
beurteilen können. Der Autor
eines Buches, das wir beurteilen können, müsste von uns
lernen.

Goethe
(Maximen und Reflexionen)

Für Mareile, die mich lehrte, kreativ zu planen

Vorwort

Planen meint, zukunftsgerichtet zu handeln und zu integrieren. Pläne sind Entwürfe angestrebter oder möglicher Zukunftssituationen.

Planungen sind kreative Prozesse, deren Strukturen und Verläufe trotz mannigfacher Variationen von Form, Inhalt und Details nach festen Mustern gestaltet sind. Planung ist Teil — wenn auch in unterschiedlichem Umfang und in variierenden Gestalten — von allen Bereichen des individuellen und gesellschaftlichen Lebens. Planung ist also vielfältig, bunt, universell und schwer überschaubar in ihren Inhalten und Formen. Trotzdem existiert eine Einheit dieser Vielfalt — welche sich in den fundamentalen Grundstrukturen, auf denen alle Planungsprozesse beruhen, ausdrücken. Zu diesen Strukturen zählen:
— das Schema der Zweck-Mittel-Handlung und das Modell der rationalen Entscheidung,
— das Schema der sozialen Interaktion,
— das Sender-Empfänger-Modell als Grundmuster von Informations- und Kommunikationsprozessen,
— das Grundmodell der Bewertungstheorie.
Planungstheorie will diese Grundmuster, nach denen Planungsprozesse geformt sind, darstellen und ins Bewusstsein des Planers heben. Planungsmethodik bemüht sich, Anleitungen zum praktischen Planungshandeln zu geben.

Planungstheorie und Planungsmethoden sind durch ein enges Beziehungsnetz verknüpft, welches nicht zerrissen werden darf. Sinnvolle Planungsmethoden können einerseits nur vor dem Hintergrund der Grundmuster (Grundmodelle) von Planung entwickelt werden und sie dürfen andererseits nur in bezug auf solche Modelle verwendet werden. (Das heisst, die Interpretation ihrer Ergebnisse ist stets auf das für ihre Konstruktion unterstellte Modell zu beziehen.)

Übersieht man dies, so werden — was in der Wirklichkeit häufig geschieht — Planungsmethoden nicht nur in Situationen eingesetzt, für die sie unangemessen sind, sondern ihre Ergebnisse werden auch einseitig bzw. überhöht ausgelegt. Der Trend ist dabei simpel: Je fachlich schwächer der Planer, um so konfuser oder pauschaler seine Argumentation.

Die vorliegende Schrift vermittelt einen Überblick über Grundmuster von Planung, stellt den Übergang von Planungsmodellen zu Planungsmethoden dar und fasst die derzeit wichtigsten Planungsmethoden in einer klassifizierenden Synopse zusammen.

Diese Darstellung muss sich zwangsläufig auf einem relativ abstrakten Niveau bewegen. Erhebt sie doch den Anspruch, auf viele verschiedene Planungstypen von der betrieblichen bis zur räumlichen Planung, von Planungen im individuellen Alltag bis hin zu gesellschaftlichen Planungen zuzutreffen. Damit ist allerdings nicht gemeint, dass sie all diese Planungsformen vollständig erfasst oder gar nichts mehr offen lässt.

Diese — nicht zu umgehende — Ebene der Abstraktion wird allerdings nicht stringent durchgehalten, da in die Beschreibung der Grundstrukturen von Planung Bezüge zur Landschaftsplanung eingeflochten werden. So wird im Einführungskapitel der Begriff von Planung exemplarisch am Beispiel der Landschaftsplanung entwickelt. Analoges gilt für das Abschlusskapitel, in dem mehrere Planungsmethoden strukturell beschrieben und diskutiert werden, die der Landschaftsplaner häufig verwendet, ohne in der Regel die Bedingungen ihres Funktionierens im einzelnen zu reflektieren.

Das vorliegende Buch wuchs aus mehreren Vorlesungen und Seminaren hervor, die ich in den letzten Jahren gehalten habe. Ich danke allen Studenten in Hannover, Weihenstephan und Berlin, die an seinem Entstehen als Zuhörer und Diskutanten beteiligt waren.

Ich danke weiterhin den Kollegen sehr herzlich, die es ermöglichten, dass aus Gedanken und Worten ein kommunikationsfähiger Text entstand. Mein Dank hierfür gilt Frau Ursula Mühlefeld (Hannover), Frau Elke Röskamp (Berlin) und Herrn Frank Wermann (Berlin), die das Manuskript schrieben sowie besonders Herrn Ralf Firmenich, der Korrektur las, das Stichwortverzeichnis zusammenstellte und viele mühselige technische Arbeiten übernahm.

Arnim Bechmann

Inhaltsverzeichnis

1	Landschaftsplanung – Ein Bereich politischer Planung	17
1.1	Landschaft und Gesellschaft	17
1.11	Landschaft	17
1.12	Thesen zur Struktur des Verhältnisses von Landschaft und Gesellschaft im Kapitalismus	18
1.2	Landschaftsplanung	20
1.21	Das Planungssystem	20
1.22	Der Landschaftsplan	28
1.3	Der politische Gehalt von Landschaftsplanung	35
1.31	Die Begriffe „Politik" und „Politische Planung"	35
1.32	Landschaftsplanung als politische Planung	37
1.33	Landschaftsplanung und gesellschaftliche Interessen	39
1.4	Zur Situation des Landschaftsplaners	41
2	Der Sinn einer allgemeinen Planungstheorie	43
2.1	Planung als Handlung	43
2.2	Planungstheorie – Versuch einer Begriffserklärung	48
3	Die formale Struktur von Planungsprozessen	52
3.1	Vorbemerkung	52
3.2	Planungsdefinitionen	53
3.3	Strukturmodelle von Planungsprozessen	56
3.31	Vorbemerkung	56
3.32	Der Modellbegriff	57
3.33	Lineare Ablaufschemata	58
3.34	Zyklische Ablaufschemata	62
3.35	Handlungssysteme	65
3.36	Rollensysteme	68
3.37	Kybernetische Systeme	72
3.38	Praxeologische Planungsmodelle	75
3.39	Vergleich der Planungsmodelle	78
4	Die begriffliche Interpretation von Planungshandeln	81
4.1	Handlungserklärungen	81

4.2   Zweck – Mittel – Handeln 81
4.3   Die Grenzen des Zweck-Mittel-Schemas 83

5   Allgemeine Probleme von Planungsprozessen 87
5.1   Planungsprobleme aus der Perspektive des Zweck-Mittel-Schemas 87
5.2   Planung und Information 88
5.21   Planungsrelevante Informationen 88
5.22   Das Grundmodell der Informationstheorie 90
5.23   Eine planungstheoretische Interpretation des Sender-Empfänger-Modells 93
5.3   Planung und Entscheidung 94
5.31   Vorbemerkung 94
5.32   Zum Begriff der Entscheidung 95
5.33   Das Modell der rationalen Entscheidung 96
5.34   Entscheidung unter Risiko und Ungewissheit 99
5.35   Zur Relevanz des Grundmodells der rationalen Entscheidung für Planungshandeln 101
5.4   Planung und Bewertung 102
5.41   Die Notwendigkeit und die Funktion von Bewertungen in Planungsprozessen 102
5.42   Die Struktur von Bewertungsverfahren 103
5.43   Skalen 107
5.431   Quantifizieren 107
5.432   Struktureigenschaften von Skalen 109
5.5   Organisationsformen von Planungsprozessen 111
5.6   Zeit als Planungsressource 113

6   Planungsmethoden 115
6.1   Sinn und praktische Relevanz von Planungsmethoden 115
6.2   Planungsmethoden als technische Handlungen 117
6.3   Erläuterungen zu den Begriffen, Instrument, Methode und Verfahren 119
6.4   Ordnungsmuster 124
6.5   Planungsmethoden im Überblick 127
6.6   Planungstauglichkeit und Verwendungshäufigkeit .. 137
6.7   Ideologische Grundlagen und technokratische Missverständnisse 140

7	Methoden für die räumliche Planung	145
7.1	Vorbemerkung	145
7.2	Zielanalyse	145
7.21	Der Stellenwert und die Funktion von Zielen in der Planung	145
7.22	Die Ordnung von Zielsystemen	147
7.23	Zielplanung	152
7.24	Zielprojektionen	153
7.25	Prämissen und Grenzen von Zielanalysen	156
7.3	Richtwerte	158
7.31	Der Begriff	158
7.32	Der Sinn und die planerische Funktion von Richtwerten	160
7.33	Zur Formulierung und Fundierung von Richtwerten	161
7.4	Wirkungsanalysen	164
7.41	Zur logischen Struktur von Wirkungsanalysen	164
7.42	Die Wirkungsanalyse als Planungsinstrument	169
7.43	Varianten der Wirkungsprognose	171

Anhang

I	Planungsdefinitionen	183
II	Grundbegriffe aus der Systemtheorie	187
1	Der Systembegriff	187
2	Input-Output-Systeme und der Mealy-Automat	191
3	Der Regelkreis	193

Literaturverzeichnis	195

Stichwortverzeichnis	207

Abbildungsverzeichnis

1 Landschaftsplanung als institutionalisierte Planung ... 26
2 Die Stellung des Planers im System der gesellschaftlichen Arbeitsteilung 45
3 Die Vergesellschaftung des Planers durch Ressourcenabhängigkeit 45
4 Dimensionen von Planungsdenken 51
5 Phasenschema des Planungsprozesses 59
6 Planungsablauf nach Heidemann; Ries 60
7 Systemanalyse im Planungsprozess 63
8 Planungsalgorithmus (n. Hujer) 64
9 Dimensionen von Planung (n. Hujer) 65
10 Planung als Handlung (n. Rieger) 66
11 Systemtechnische Darstellung von Handlungsprozessen (n. Ropohl) 67
12 Rollenverteilung in Planungsprozessen (n. Ropohl) ... 71
13 Planung als Interaktion von Rollenträgern (n. Laage) .. 72
14 Planung im kybernetischen System 73
15 Die Struktur des Zweck-Mittel-Handelns 83
16 Grundmodell der Nachrichtenübertragung 91
17 Der Entscheidungsprozess 98
18 Der Bewertungsprozess für eine Alternative 99
19 Entscheidungsmatrix 99
20 Bewertungsmatrix 99
21 Mögliche Konsequenzen der Wahl der Aktion a_i 99
22 Mögliche Konsequenzen der Wahl der Aktion a_i als Folge von unterschiedlichen Zuständen der Welt 100
23 Entscheidungsmatrix für Entscheidungen bei Risiko ... 101
24 Bewertungsmatrix (Nutzenmatrix) für Entscheidungen bei Risiko 101
25 Dimensionen einer Wertung 104
26 Der Quantifizierungsvorgang 107
27 Organisationsmodelle von Planungsgruppen 111
28 Zeithorizonte von Planungen 114
29 Grundmuster technischer Handlungen 117
30 Das Grundmuster einer Interaktion 120

31 Intuitives Handeln 121
32 Iteratives Handeln 122
33 Systematisches Handeln 122
34 Der Prozess der Anwendung einer Planungsmethode .. 142
35 Umfeld der Anwendung einer Planungsmethode 142
36 Relevante Aspekte für die Formulierung eines Zielsystems 147
37 Ablaufmuster eines Zielplanungsprozesses 152
38 Muster einer räumlichen Zielprojektion 154
39 Voraussetzungen und Aufbau einer Zielprojektion 155
40 Ablaufschema für eine Zielprojektion 155
41 Einfaches kybernetisches Strukturmodell des zielgerichteten Handelns n. Volpert und Hacker 157
42 Die Struktur von Richtwerten 159
43 Typen von Richtwerten 163
44 Das Prinzip des aufgeklärten Handelns 165
45 Grundstruktur einer prognostischen Wirkungsanalyse .. 165
46 Grundstruktur einer retrospektiven Wirkungsanalyse .. 166
47 Kausalvorstellung 166
48 Interpretation des Kausalgesetzes 167
49 Das Schema der kausalen Erklärung 167
50 Grobstruktur einer Wirkungsanalyse 170
51 Zur Struktur von Wirkungsprognosen 173
52 Kausalanalytische Darstellung von Wirkungszusammenhängen 175
53 Grundmuster einer Verflechtungsmatrix 176
54 Einfache Wirkungskette 176
55 Wirkungsnetz 177
56 Scenarienbaum 178
57 Strukturen einer Trendextrapolation 180
58 Das Konzept der Systemsimulation 180
A Offenes System 189
B Die Entwicklung eines dynamischen Systems 190
C Input-Output-System 191
D Gekoppelte Systeme 192
E Direkt rückgekoppeltes System 192
F Indirekte Rückkoppelungen 192
G Die Funktionsweise eines Mealy-Automaten 193
H Die Struktur eines Regelkreises 194

Tabellenverzeichnis

1 Die rechtliche Verankerung von Naturschutz und Landschaftspflege 23
2 Die Organisation der Naturschutz- und Landschaftspflegebehörden in Niedersachsen 24
3 Ausgewiesene Mittel für Landschaftspflege und Naturschutz im Niedersächsischen Landeshaushalt 25
4 Gliederungsmuster für einen Landschaftsplan 30
5 Gliederungsmuster eines Landschaftsplanes (NRW) ... 31
6 Gliederungsmuster eines Landschaftsplanes (Rheinland-Pfalz) 33
7 Aspekte von Planungsdefinitionen 55
8 Systematik von Planungsprozessen hinsichtlich von Rollenträgern 70
9 Die wichtigsten Eigenschaften von Planungsmodellen .. 79
10 Allgemeine Ordnungsschemata für Planungsmethoden . 125
11 Ein fachbezogenes Ordnungsschema für Methoden der Landschaftsplanung 126
12 Systematiken von Planungsmethoden 127
13 Darstellung von Planungsmethoden 128
14 Planungsmethoden und Planungsverfahren – ein Überblick 132
15 Rangfolge systemtechnischer Methoden bei ihrer Anwendung in wissenschaftlichen Institutionen 138
16 Zur Anwendung von Planungsmethoden und -verfahren in der Landschaftsplanung 139
17 Literaturzusammenstellungen zu Planungsmethoden der Landschaftsplanung 146
18 Zielordnungen 148
19 Allgemeine Grundsätze der Raumordnung 150
20 Funktionen von planungsbezogenen Richtwerten 162
21 Konzeptionelle und technische Probleme einer Wirkungsanalyse 171
22 Eigenschaften der Hauptphasen einer Wirkungsanalyse . 172

23 Einfache Prognosetechniken 174
24 Aufbau eines Scenarios 179
25 Eigenschaften von Methoden der Wirkungsprognose ... 182

1 Landschaftsplanung — Ein Bereich politischer Planung

1.1 Landschaft und Gesellschaft

1.11 Landschaft

Landschaft ist ein Begriff, mit dem wir fast täglich umgehen. Dennoch ist es nicht leicht, eine gut verständliche und zugleich hinreichend präzise Definition von Landschaft zu geben.

Im Alltagsleben verstehen wir unter Landschaft ganz allgemein die uns umgebende Natur und ihr Erscheinungsbild. Die Geographie, die einst von diesem Landschaftsverständnis ausging, hat in einer langen und verzweigten Diskussion Landschaft immer mehr auf der Basis des Systemkonzeptes begrifflich gefasst. (Vgl. *Pfaffen,* 1973 und insbesondere *Bartels,* 1973) Die Diskussion um den Landschaftsbegriff soll im folgenden jedoch nicht nachgezeichnet werden.

Unter Landschaft wird hier ganz allgemein die natürliche und gebaute Umwelt der Gesellschaft verstanden. Die wichtigsten Faktoren im Wirkungsgefüge von Landschaftsräumen sind Relief, Boden, Wasser, Klima, Vegetation und Tierwelt. (Vgl. Rat der Sachverständigen für Umweltfragen, 1974, S. 124) Landschaft kann hinsichtlich mehrerer Gesichtspunkte beschrieben und wissenschaftlich untersucht werden:
— dem Landschaftshaushalt
— der Landschaftsstruktur
— dem Landschaftsbild
— der Landschaftsentwicklung
— der Landschaftsnutzung.

Landschaft wird durch die in ihr lebenden Menschen genutzt. Diese Nutzung ist abhängig von der gesellschaftlichen Form in der die Menschen zusammenleben. Eine Feudalgesellschaft wird Landschaft sicher anders nutzen als eine Industriegesellschaft.

Landschaft wird in unserer Gesellschaft in verschiedenen Formen genutzt:

- als Standort für gesellschaftlich notwendige Aktivitäten (hierzu zählen Wohnflächen, Industrieflächen, Verkehrsflächen, landwirtschaftliche Nutzungsflächen, Erholungsflächen und im weiteren Sinne auch Waldflächen und Brachflächen)
- als Rohstofflieferant (Kiesabbau, Kohleabbau, Erzabbau usw.)
- als Transportsystem (Abwässer, Abgase usw.)
- als Lagerplatz für bei der Industrieproduktion oder beim Konsum anfallenden Abfälle.

All diese Nutzungsformen bedeuten eine wesentliche Einflussnahme auf die Landschaft. Es ist bekannt und braucht hier nicht ausgeführt zu werden, dass diese Eingriffe in Landschaft innerhalb des Landschaftssystems zu einer Reihe von – als überaus unangenehm empfundenen – Folgewirkungen führen (Umweltproblematik).

1.12 Thesen zur Struktur des Verhältnisses von Gesellschaft und Landschaft im Kapitalismus

Nutzungen sind gesellschaftliche Aktivitäten. Sie lassen sich wie alles Verhalten auf Bedürfnisse, Motive und Interessen zurückführen. In einer kapitalistischen Gesellschaft können aufgrund der Produktionsverhältnisse (das sind die Beziehungen, die die Menschen eingehen, um eine bestimmte Form der Güterproduktion durchzuführen) – grob vereinfacht – zwei auf Landschaft ausgerichtete Interessen unterschieden werden. Sie sollen hier mit den Schlagworten umrissen werden:
- Produktion (Industrie, Baugewerbe, Landwirtschaft usw. benötigen Landschaft bei der Güterproduktion als Rohstofflieferant, als Standort der industriellen Produktion, als Standort für Transportsysteme und als Lagerplatz für Abfälle und unerwünschte Nebenprodukte)
- Reproduktion (Die Menschen benötigen ausser Nahrungsmitteln auch zur Wiederherstellung der im Produktionsprozess verausgabten Energien erträgliche Wohn- und Umweltverhältnisse, Erholungsmöglichkeiten usw.).

Produktion und Reproduktion schlagen sich in Handlungen und Verhalten nieder, die, zumindest teilweise, miteinander um Landschaft und Landschaftsressourcen konkurrieren. Die auf Produktion und Reproduktion gerichteten Interessen können in kapitalistischen Gesellschaften nicht losgelöst voneinander gesehen werden. Sie sind wegen der Angewiesenheit der Bevölkerung auf die industrielle Produktion ineinander verflochten und hierarchisch geordnet. Dabei ist das Interesse der Produktion gesellschaftlich wesentlich stärker repräsentiert und durchschlagskräftiger als das Reproduktionsinteresse. (Die Ankurbelung des Wirtschaftswachstums, d. h. insbesondere die Schaffung von Arbeitsplätzen und Energiegewinnungsmöglichkeiten scheinen zur Zeit nahezu jedes andere Interesse zu dominieren.) Dem Staat – als dem Garanten für das Nichtauseinanderfallen der Gesellschaft aufgrund von Interessendivergenzen – kommen im Hinblick auf die gesellschaftliche Nutzung von Raum und Landschaft die Aufgaben zu:

– zu sichern, dass die Bevölkerung Wohn- und Erholungsmöglichkeiten vorfindet, die es ihr erlauben, ihre Arbeitskraft in der Nichtarbeitszeit wiederherzustellen, so dass der industrielle Produktionsprozess aufrechterhalten werden kann.
– dafür Sorge zu tragen, dass die sich aus den Produktionsverhältnissen ergebende Vernutzung und Gefährdung von Landschaft und Natur nicht zum Zusammenbruch der Produktionsweise und damit der bestehenden Gesellschaft führt.
– darauf zu achten, dass die vorhandenen Ressourcen einigermassen sinnvoll genutzt werden (die Optimalität der Landschaftsnutzung wird in der gesellschaftlichen Realität überwiegend daran gemessen, inwieweit durch sie die Interessen der Produktion befriedigt werden, d. h. inwieweit sie der Ankurbelung oder Inganghaltung des Produktionsprozesses dienen).

Obwohl die Rolle des Staates in kapitalistischen Gesellschaften hier nur sehr oberflächlich und verzerrend angesprochen werden kann, sei darauf hingewiesen, dass der Staat, der sowohl für die Belange der Produktion sowie der Reproduktion Sorge zu tragen hat, in kapitalistischen Gesellschaften wesentlich häufiger aktiv für die Interessen des Produktionssektors als für Reproduktionsinteressen eintritt.

Der Staat hat mehrere Möglichkeiten, auf die durch Produktions- und Reproduktionsinteressen gesteuerte Landschaftsnutzung Einfluss zu nehmen. Zu ihnen zählt die Landschaftsplanung. Sie ist eine vom Staat koordinierte oder ausgeübte Tätigkeit, mit deren Hilfe versucht wird, die Nutzung von Landschaft entsprechend den oben angesprochenen Aufgaben zu steuern.

1.2 Landschaftsplanung

1.21 Das Planungssystem

Landschaftsplanung lässt sich unter verschiedenen Gesichtspunkten charakterisieren. Ganz allgemein versteht man unter Landschaftsplanung die Darstellung aller Massnahmen zum Schutz, zur Entwicklung, zur Wiederherstellung und zur Pflege der (besiedelten und der unbesiedelten) Landschaft. (*Lüderwaldt,* 1976, S. 121)

Die allgemeine Zielsetzung der Landschaftsplanung wird vom Beirat für Naturschutz und Landschaftspflege beim Bundesministerium für Ernährung, Landwirtschaft und Forsten folgendermassen formuliert: ,,Schutz, Pflege und Entwicklung eines leistungsfähigen Naturhaushaltes und nachhaltig nutzungsfähiger Naturgüter sowie von Vielfalt, Eigenart und Schönheit von Natur und Landschaft.'' (Beirat für Naturschutz und Landschaftspflege beim BML 1976, S. 6)

Landschaftsplanung ist damit ein Teilbereich des gesamten — im grossen und ganzen nicht integrierten — Planungssystems der Bundesrepublik Deutschland.

Vor dem Hintergrund der oben genannten Zielsetzung kann man drei Aufgabenbereiche der Landschaftsplanung unterscheiden:

,,1. Den landespflegerischen Beitrag zur räumlichen Gesamtentwicklung, d. h.
   a) zur Raumordnung
   b) zur Bauleitplanung
2. den landespflegerischen Beitrag zu anderen Fachplanungen
3. die Grundlagen für eigene Aufgaben der Landespflege
   a) Naturschutz
   b) Erholung
   c) Bodenabbau.'' (*Lüderwaldt,* 1976, S. 121)

Nach Bierhals (*Bierhals,* 1978, S. 30) hat die Landschaftsplanung innerhalb ihres Aufgabenbereiches Antworten auf vier Typen von Fragen zu suchen. Diese lauten:

- Welche Landschaftsbereiche und -teile sind wertvoll, schutz- bzw. erhaltungswürdig?
- Was würde geschehen, wenn Landschaft in dieser oder jener Form genutzt bzw. belastet wird?

- Was ist geschehen? Wodurch wird ein Naturpotential oder ein Nutzungsanspruch an Landschaft belastet?
- Welche Massnahmen zum Schutz, zur Sicherung und zur Pflege des Naturhaushaltes gibt es?

Im Hinblick auf Planungen ist dieser Katalog zu erweitern um Fragen wie

- Welche Nutzungsverteilung wird in einem vorgegebenen Raum angestrebt?
- Mit welcher Zielsetzung und wie kann bzw. wie soll gestalterisch auf das Landschaftsbild eingewirkt werden?
- Welche Verbote, Gebote und Empfehlungen sind aus landschaftsplanerischer Sicht für einen bestimmten Raum auszusprechen?
- Welche Arten von Schutzgebieten sind im beplanten Gebiet zu sichern oder neu zu schaffen?

Landschaftsplanung ist in der Bundesrepublik Deutschland eine weitgehend staatlich strukturierte oder regulierte gesellschaftliche Tätigkeit, d.h.:

- Sie findet im Auftrag staatlicher Institutionen statt.
- Sie selbst ist ein Aufgaben- und Handlungsbereich staatlicher Institutionen.
- Ihr Ablauf ist an staatlich gesetzte Rahmenbedingungen und Regelungen gebunden.

Landschaftsplanung kann in vier Dimensionen diskutiert werden, und zwar hinsichtlich

- ihrer gesetzlichen Verankerung
- ihrer organisatorischen Verankerung
- ihrer Bezüge zu anderen Planungen (d. h. der Landes- und Raumplanung, Regionalplanung und der Kommunalplanung)
- der ihr zur Verfügung stehenden finanziellen Mittel.

Die Tabellen 1 bis 3 geben die Einbindung des Planungssystems für Landschaftsplanung und Naturschutz in das allgemeine staatliche Raum- und Umweltplanungssystem am Beispiel des Landes Niedersachsen wieder. Die Tabellen 1 und 2 sowie Abbildung 1 machen deutlich, dass

- die Verkettung von Naturschutz und Landschaftspflege mit anderen Massnahmen der Umweltplanung, -gestaltung und -nutzung auf der rechtlichen Ebene durchaus sichtbar und vorhanden ist,

- Naturschutz und Landschaftsplanungsbehörden auf allen drei traditionellen Verwaltungsebenen angesiedelt sind,
- die Planungsebenen und die Planungsstruktur so gewählt sind, dass sich inhaltliche Verknüpfungen mit anderen Planungstypen ergeben.

Die formale Verankerung von Naturschutz und Landschaftsplanung im Bereich gesellschaftlichen Handelns ist also gegeben. Aus ihr lässt sich jedoch nur wenig über die tatsächlichen Wirkungsmöglichkeiten von Naturschutz und Landschaftspflege ableiten. Eine Analyse der Einfluss- und Durchsetzungsmöglichkeiten von Naturschutz und Landschaftspflege im staatlichen und gesellschaftlichen Handeln zeigt vielmehr:

- Die aufgrund von Gesetzen möglichen Einflussnahmen der Landespflege auf die Umweltnutzung sind relativ gering. (*Hanisch*, 1976; *Gloge, Paulsen*, 1977; *Neuland*, 1977)
- Der Personalbestand der Naturschutz- und Landespflegebehörden ist relativ gering. (Vgl. *Gaede*, 1976; *Stich*, 1978)
- Die der Landespflege zugeordneten Planungen (Landespflegeprogramm, Landschaftsrahmenplan, Landschaftsplan und landespflegerische Begleitpläne) können ihre Inhalte nur in sehr beschränktem Umfang rechtlich verbindlich machen. (Vgl. *Neuland*, 1977)

22

Tabelle 1: Die rechtliche Verankerung von Naturschutz und Landschaftspflege (in Anlehnung an Gaede, 1976)

Rahmengesetze auf Bundesebene	– Bundesraumordnungsgesetz (8. 4. 65) (Die Erhaltung, der Schutz und die Pflege der Landschaft sind ein Grundsatz der Raumordnung)
	– Bundesnaturschutzgesetz (20. 12. 76) (Rahmengesetz zur Regelung der Belange des Naturschutzes u. d. Landschaftspflege)
Landegesetze	– Niedersächsisches Landesplanungsgesetz (30. 3. 66)
	– Niedersächsisches Landespflegegesetz (Referentenentwurf wird zur Zeit erarbeitet)
ausgewählte Gesetze mit Bezügen zur Landespflege	– Flurbereinigungsgesetz (14. 7. 53) (Erfordernisse der Landschaftsgestaltung und Landesplanung sowie Vorplanungen der Landespflege sind zu berücksichtigen. Es sind landespflegerische Begleitpläne für Wege- und Gewässerpläne aufzustellen.)
	– Bundesbaugesetz (23. 6. 60) (Bauleitpläne sollen die Belange des Natur- und Landschaftsschutzes sowie die Gestalt des Landschaftsbildes berücksichtigen.)
	– Niedersächsisches Bodenabbaugesetz (15. 3. 72) (Während und nach dem Bergwerksbetrieb ist der Landschaftsgestalt Rechnung zu tragen.)
	– Niedersächsisches Landeswaldgesetz (12. 7. 73) (Förderung der Erholungsfunktion des Waldes)
	– Viertes Gesetz zur Änderung des Wasserhaushaltsgesetzes (26. 4. 76) (Beim Gewässerausbau sind das Bild, die Erholungseignung sowie das Selbstreinigungsvermögen der Gewässerlandschaft zu beachten)
wichtige Erlasse zum Naturschutz und zur Landschaftspflege	– Richtlinien für die Berücksichtigung der Interessen der Landespflege in den Niedersächsischen Landesforsten (28. 7. 69)
	– Richtlinien für Baumschauen und Bäume an Verkehrsstrassen (23. 7. 73)
	– Berücksichtigung von Naturschutz und Landschaftspflege bei wasserbaulichen Massnahmen (5. 10. 73)
	– Richtlinien zur Wiedernutzbarmachung der vom Bergbau nicht mehr benötigten Flächen (18. 6. 74)
	– Naturschutz und Landschaftspflege in der Flurbereinigung (2. 4. 75)

23

Tabelle 2: Die Organisation der Naturschutz- und Landschaftspflegebehörden in Niedersachsen (nach Gaede, 1976)

		Zugeordnete Behörde
Oberste Landespflegebehörde	Referat Naturschutz und Landschaftspflege im Niedersächsischen Ministerium für Ernährung, Landwirtschaft und Forsten	Referat Naturschutz, Landschaftspflege, Vogelschutz im Niedersächsischen Landesverwaltungsamt
Höhere Landespflegebehörde	Dezernate für Naturschutz und Landschaftspflege bei den Regierungspräsidenten in Aurich, Braunschweig, Hannover, Hildesheim, Lüneburg, Oldenburg und Osnabrück	
Untere Landespflegebehörde	Fachreferenten für Naturschutz und Landschaftspflege bei Landkreisen, kreisfreien Städten und Kommunalverbänden	

Tabelle 3: Die im Niedersächsischen Landeshaushalt (Einzelhaushaltsplan des Kultusministeriums; ab 1970 im Einzelhaushaltsplan des Landwirtschaftsministeriums) ausgewiesenen Mittel für Landschaftspflege und Naturschutz (in Anlehnung an Gaede, 1976)

Haushalts-jahr	Titelnummer	Betrag in DM
1960	0760 und 0767	165 250
1961	0760 und 0767	203 500
1962	0760 und 0767	362 800
1963	0760 und 0767	525 000
1964	0760 und 0767	531 000
1965	0760	554 000
1966	0760	399 700
1967	0760	576 600
1968	0760	479 300
1969	0760	553 000
1970	0760	771 000
1971	0760	1 713 600
1972	0760	884 100
1973	0760	1 042 500
1974	0760	2 161 700
1975	0760	0 (Die Mittel werden aus Spielbankeinnahmen eingebracht etwa 3 500 000)
1978	0907	7 513 800

Abbildung 1: Landschaftsplanung als institutionalisierte Planung (in Anlehnung an Lüderwald, 1976)

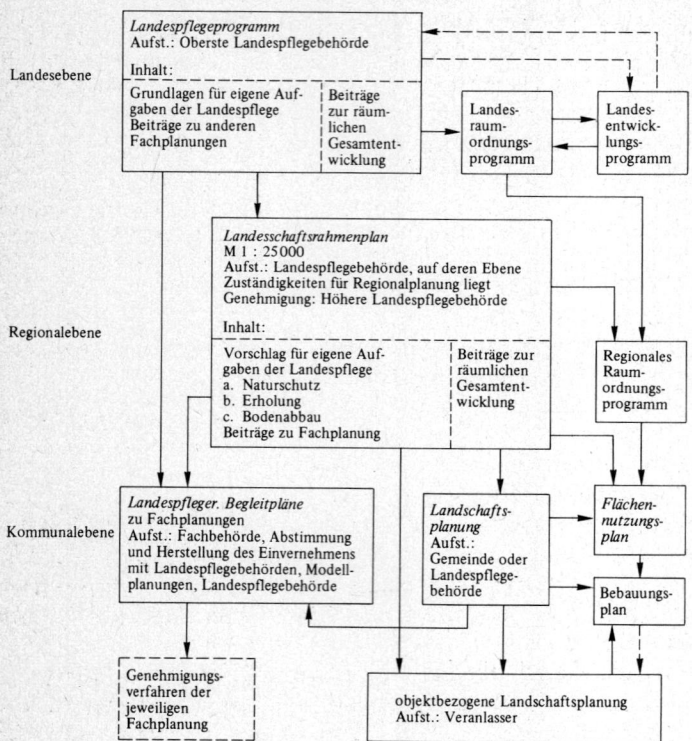

Die den Behörden für Naturschutz und Landschaftspflege zur Verfügung stehenden finanziellen Mittel sind sehr spärlich. (Vgl. Tab. 3)

Insgesamt sind somit die rechtlich und institutionell gesicherten Einflussmöglichkeiten der mit den Belangen des Naturschutzes und der Landschaftspflege betrauten Administration relativ gering.

Es besteht zudem eine eklatante Kluft zwischen Aufgabenumfang und Wirkungsmöglichkeiten der Landespflegebehörden. So obliegen laut Geschäftsverteilungsplan den Dezernenten für Landespflege bei den Regierungspräsidenten in Niedersachsen folgende Aufgabenbereiche. (Vgl. *Evers,* 1976, S. 20):

— Natur- und Landschaftsschutz
— Landschaftspflege
— Mitwirkung bei Fachplanungen
— Schutz wildlebender Pflanzen- und Tierarten
— die Planung und Gestaltung von Naturparken und Erholungsgebieten
— fachplanerische Beiträge zum Bodenabbau
— öffentliche Gärten.

Diese — zugegebenermassen — grobe Darstellung von Landschaftsplanung macht jedoch das für uns hier wesentliche deutlich: Landschaftsplanung ist Handlung. Sie strukturiert künftiges Handeln und Entscheiden. Dieses Handeln kann auf zwei Ebenen analysiert werden:

— als individuelle Tätigkeit des einzelnen Landschaftsplaners
— als gesellschaftliche Handlung, d. h. als interessengesteuerte Interaktion zwischen mehreren Personengruppen und/oder Institutionen.

Die erste dieser Ebenen interessiert uns, wenn wir den Planer in seiner Subjektivität meinen. Die zweite dieser Ebenen umfasst den Planer als interagierendes, gesellschaftliches Wesen.

Die Inhalte der Tätigkeit des Landschaftsplaners sind sehr komplex. Sie berühren sowohl Teilbereiche der Naturwissenschaften als auch der Gesellschaftswissenschaften und sie beziehen sich zugleich auf gesellschaftliches Handeln, d. h. auf politische Aktionen.

Die Inhalte und die Probleme, denen sich der Landschaftsplaner bei der Ausübung seiner Tätigkeit gegenüber sieht, lassen sich erst dann verdeutlichen, wenn man von der allgemein-institutionellen

Ebene ausgehend einzelne Planungstypen näher analysiert. Im Folgenden soll dies am Beispiel des Landschaftsplanes geschehen.

1.22 Der Landschaftsplan

Landschaftsplanung kann auf unterschiedliche Art stattfinden:
- durch das Landespflegeprogramm (Landesebene)
- durch den Landschaftsrahmenplan (Regionalebene)
- durch die landespflegerische Stellungnahme oder den landespflegerischen Begleitplan zu Fachplanungen (Fachbehörde).

Zur Verdeutlichung der allgemeinen planerischen Problematik von Naturschutz und Landespflege soll hier der Landschaftsplan herausgegriffen werden. Landschaftspläne sind auf der Ebene der Flächennutzungsplanung angesiedelt. Sie sollen die öffentlichen Erfordernisse und Massnahmen der Landespflege zum Ausdruck bringen und sie sollen in die Bauleitplanung integrierbar sein. Zur Festschreibung von Mindestinhalten und zur Sicherung der Vergleichbarkeit von für verschiedene Gebiete angefertigten Landschaftsplänen werden zur Zeit in allen Bundesländern Gliederungsmuster für Landschaftspläne erarbeitet. Bisher waren landschaftspflegerische Planwerke zumeist von dem nach Buchwald propagierten Schema (*Buchwald*, 1973) aufgebaut und gegliedert. Danach zerfallen Landschaftspläne in einen Grundlagenteil und einen Entwicklungsteil, wobei der Grundlagenteil selbst wiederum aus einem Analyseteil und einem Diagnoseteil besteht. Tabelle 4 enthält die Grobstruktur des Buchwald'schen Gliederungsschemas für Landschaftspläne.

Obwohl die Konzeption von Landschaftsplanung in den letzten Jahren einige Veränderungen erfahren hat, lehnen sich die derzeit in der Entwicklung befindlichen Gliederungsmuster für Landschaftspläne sehr deutlich an das Buchwald'sche Gliederungsmuster an. Die Tabellen 5 und 6 enthalten Beispiele von Gliederungsmustern aus den Bundesländern Nordrhein-Westfalen und Rheinland-Pfalz. Diese Gliederungsmuster sollen hier lediglich als Beispiel zur Erläuterung des Aufbaus von Landschaftsplänen dienen, nicht aber auf ihren Gehalt hin diskutiert werden.

Gliederungsmuster geben das Skelett eines Landschaftsplanes wieder. Ihnen lassen sich die zu verwendenden Mindestinhalte, die zwingend zu verfolgenden Fragestellungen und der grobe Ablauf des Planungsvorganges entnehmen. Sie strukturieren damit die Form und den Inhalt des Landschaftsplanes ohne beide jedoch eindeutig festzulegen.

Wenn auch zwischen den Gliederungsmustern der unterschiedlichen Bundesländer sicherlich einige Differenzen bestehen, so wird aus den Tabellen 5 und 6 bereits eindeutig klar, dass Landschaftsplanung und insbesondere der Landschaftsplan primär reaktive Planung ist. Die im Landschaftsplan angestrebten Massnahmen richten sich vornehmlich auf Schutz, Pflege und Wiederherstellung von Landschaft und damit auf Landschaft, die durch Nutzungen zerstört oder beeinträchtigt wurde.

Aus der Kritik, der bisher ausgeübten, reaktiven Landschaftsplanung entstand ein Konzept der präventiven Landschaftsplanung. (*Bierhals / Kiemstedt / Scharpf*, 1974). Diese Konzeption von Landschaftsplanung, die sich zur Zeit erst gesellschaftlich durchsetzt, will nicht nur bereits bestehende Zerstörungen von Landschaft so weit wie möglich wiedergutmachen, sie will zugleich auch der Zerstörung durch Konfliktregulierung vorbeugen. Nach diesem Konzept versucht Landschaftsplanung Nutzungen, die den Zielen des Naturschutzes und der Landschaftspflege zuwiderlaufen, einzuschränken bzw. zu verhindern. Allerdings auch hier bleibt sie immer noch weitgehend reaktiv, denn sie tritt im allgemeinen erst dann auf die Bildfläche, wenn sich bereits Nutzungsansprüche an Landschaft, die negative Folgewirkungen besitzen können, artikuliert haben.

Landschaftsplanung gehört somit in den Bereich staatlichen, d. h. gesellschaftlichen Handelns. Ihr Gegenstand ist die gesellschaftlich genutzte Landschaft. Landschaftsplanung ist damit ein Teilbereich politischer Planung. Dies soll im nächsten Abschnitt skizzenhaft herausgearbeitet werden.

Tabelle 4: Gliederungsmuster für einen Landschaftsplan (nach: Buchwald, 1973; gekürzt)

Grundlagenteil

1 Darstellung der einzelnen natürlichen Landschaftsfaktoren in Karten mit Erläuterungen
1.1 Geologischer Aufbau, Oberflächenformen, Lagerstätten
1.2 Böden
1.3 Hydrologische Verhältnisse
1.4 Klimatische Verhältnisse
1.5 Pflanzendecke
1.6 Tierwelt
2 Darstellung der ökologischen Gliederung des Gebietes
3 Spezielle Untersuchungen einzelner für das Gebiet und seine Nutzung besonders wichtiger Landschaftsfaktoren oder Komponenten von ihnen, wie Kaltluftbildung, örtliche Windrichtungen in Abhängigkeit vom Relief, Auftreten von gespanntem Grundwasser usw.
4 Darstellung der derzeitigen Flächennutzung
4.1 Landwirtschaftlich genutzte Flächen
4.2 Forstwirtschaftlich genutzte Flächen
4.3 Gartenbaulich genutzte Flächen, einschl. Dauerkleingärten
4.4 Wohngebiete
4.5 Industrieflächen
4.6 Bergbauflächen usw.
4.7 Verkehrsflächen
4.8 Sonstige Nutzung
5 Darstellung von bestehenden Vorrang- und Schutzflächen
6 Darstellung der natürlichen Nutzungseignung der Standorte in Karte, Tabelle, Text für die Nutzungsformen Acker, Wiese, Weide, Wald bei bestmöglicher Sicherung des gegenwärtigen Standortpotentials
7 Kritische Stellungnahme zu Eingriffen in Haushalt und Bild der Landschaft, die zu Schädigungen bzw. Beeinträchtigungen der Leistungsfähigkeit der Kulturlandschaft führten oder führen können, Darstellung der Schäden in Karte und Text.
8 Kurze Darstellung sich anbahnender und notwendiger Nutzungs- und Strukturänderungen, hierzu vorliegende Planungen (hierzu gehören u. a. alle Massnahmen zur Verbesserung der Agrarstruktur, zur Erhaltung und Verbesserung der Bodenfruchtbarkeit sowie zur Neugewinnung von Kulturland, zur Verbesserung der öffentlichen Grundausrüstung (Infrastruktur), zur Industrieansiedlung und zur Förderung des Erholungs- und Fremdenverkehrs).

Entwicklungsteil

1 Stellungnahme und Vorschläge zur künftigen Flächennutzung des Gebietes
Grundsätzliche Stellungnahme zur künftigen Nutzung und Pflege des Gebietes als Agrar-, Erholungs-, Wohn- und Industriegebiet, Überlage-

rung von Nutzungen (u. a. landwirtschaftliche und Erholungsnutzung) und voraussichtliche Grenzen der Belastbarkeit des Raumes oder von Teilräumen.

Darlegung der Zielsetzung aus landespflegerischer Sicht und ihrer Auswirkung auf Landes-, Regional- und Bauleitplanung.

Darstellung der Vorschläge zur künftigen Flächennutzung und Neuordnung der Gemeindegebiete (Beiträge zum Flächennutzungs- und Bebauungsplan, Wege- und Gewässerplan, Flurbereinigungsplan usw.). Die Vorschläge zur künftigen Flächennutzung und Nutzungsänderung oder für Nutzungsbeschränkungen aus landschaftspflegerischer Sicht auf Grund der Untersuchungen zur Nutzungseignung und der sozioökonomischen Erfordernisse umfassen Beiträge zur Ortsentwicklung und -gestaltung sowie zur künftigen Nutzung und Gestaltung des Aussenbereichs einschliesslich der Aussiedlungen.

2 Darstellung künftig erforderlicher Vorrang- und Schutzflächen Wirtschaftliche Vorrangflächen

3 Landschaftspflegerische Massnahmen zur Sicherung bzw. Verbesserung des landschaftlichen Potentials und zur Gestaltung der Landschaft

4 Hinweise auf Ordnungs- und Schutzmassnahmen, die sich aus den Vorschlägen zu 1. bis 3. ergeben können:
Grunderwerb, Entschädigungen,
Flächenzusammenlegung und -tausch (Umlegungen)
Enteignung, Nutzungsbeschränkungen,
Erlass von Schutzverordnungen usw.

Tabelle 5: Gliederungsmuster eines Landschaftsplanes (Nordrhein-Westfalen)

1   Darstellung des Landschaftszustandes

1.1   Allgemeine Charakterisierung des Planungsgebietes
1.2   Planerische Vorgaben und Vorhaben
1.3   Naturräumliche Gliederung
1.4   Eigentums-, Besitzstruktur, wirtschaftliche Nutzungen
1.5   Prägende Landschaftsteile, gliedernde und belebende Elemente
1.6   Besondere Landschaftsschäden
1.7   Analyse des Naturhaushaltes und Erfassung der natürlichen Lebensräume mit ihren Wechselbeziehungen
1.8   Erholungseinrichtungen
1.9   Gutachterliche Äusserungen

2   Entwicklungsziele für die Landschaft

2.1   Erhaltung

2.2 Anreicherung
2.3 Wiederherstellung
2.4 Ausbau
2.5 Ausstattung
2.6 Mögliche sonstige Entwicklungsziele

3 Geschützte Flächen und Landschaftsteile

3.1 Flächen unter Naturschutz
3.2 Landschaftsteile unter Naturschutz
3.3 Flächen unter Landschaftsschutz
3.4 Landschaftsbestandteile unter Landschaftsschutz

4 Zweckbestimmung für Brachflächen

4.1 Natürliche Entwicklung
4.2 Nutzung in bestimmter Weise
4.3 Bewirtschaftung
4.4 Pflege
4.5 Potentielle Brachflächen

5 Besondere Feststellungen für die forstliche Nutzung

5.1 Erstaufforstung
5.2 Beschränkung der Baumartenwahl bei der Erstaufforstung
5.3 Beschränkung der Bestandsumwandlung
5.4 Beschränkung der Holzartenwahl bei der Wiederaufforstung
5.5 Form der Endnutzung

6 Entwicklungs-, Pflege- und Erschliessungsmassnahmen

6.1 Anpflanzungen
6.2 Aufforstungen
6.3 Herrichtung geschädigter Grundstücke
6.4 Beseitigung verfallener Gebäude oder störender Anlagen
6.5 Pflegemassnahmen
6.6 Ausgestaltung und Erschliessung eines Uferbereiches
6.7 Anlage von Wander-, Rad- und Reitwegen
6.8 Zukünftige Entwicklungen

Tabelle 6: Gliederungsmuster eines Landschaftsplanes (Rheinland-Pfalz)

1   Ziele und Problemschwerpunkte der Landespflege im Planungsgebiet

1.1   Gebietsspezifische Entwicklungstendenzen und landespflegerische Problemstellungen

1.2   Örtliche Zielsetzungen der Landespflege

2   Bestehende und geplante Schutzgebiete und -objekte mit besonderer landespflegerischer Zweckbestimmung

2.1   Landespflegebereich

2.2   Landschaftsschutzgebiete, Naturparke, geschützte Landschaftsbestandteile, Naturschutzgebiete, Naturdenkmäler

2.3   Bau- und Bodendenkmäler

2.4   Schutzwald

2.5   Schutzgebiete

2.6   Lärmschutzbereiche

2.7   Wasserschutzgebiete, Heilquellenschutzgebiete, Überschwemmungsgebiete, Wasserschongebiete

2.8   Sonstige landespflegerisch bedeutsame Flächen

3   Landespflegerische Aussagen zur Flächennutzung

3.1   Bauflächen

3.11 Wohnbauflächen

3.12 Gemischte Bauflächen

3.13 Gewerbliche Bauflächen

3.14 Sonderbauflächen

3.15 Bauflächen mit besonderen grünplanerischen Bindungen

3.2   Flächen für den Gemeinbedarf

3.3   Flächen für den Verkehr (einschliesslich Bahn- und Luftverkehr)

3.4   Flächen für Ver- und Entsorgungsanlagen

3.5   Grünflächen

3.51 Allgemeine Grünflächen (Parkanlagen, Sportplätze, Spielplätze, Campingplätze, Badeplätze, Grünzüge, Grünverbindungen, Fussgängerverbindungen, Radwege, Wanderwege und Aussichtspunkte, Verkehrs- und Schutzgrünflächen mit besonderyr Funktion, Sondergrünflächen wie zoologische, botanische und historische Gärten, erhaltenswerte Landschaftsbestandteile)

3.52 Kleingartenflächen

3.53 Friedhofsflächen

3.54 Flächen für Freizeit und Erholung

3.6   Wasserflächen, Häfen und Flächen für die Wasserwirtschaft

3.7   Flächen für Aufschüttungen und Abgrabungen oder für die Gewinnung von Steinen und Erden und anderen Bodenschätzen

3.8   Flächen für die Landwirtschaft

3.9   Flächen für die Forstwirtschaft

4   Weitere Planungsaussagen

Hinweise
zur Verwirklichung der Planung (Schwerpunktprogramme, Stufen-
pläne, Zeitpläne usw.)
auf wirtschaftliche Kriterien (Kostenschätzungen, gesamtwirtschaft-
liche Überlegungen usw.)
zur Abstimmung mit anderen Fachplanungen in Form von Beispiel-
planungen und Gestaltungsvorschlägen
auf notwendige Folgeplanungen (Pflanzmassnahmen, Rekultivierungs-
massnahmen, Einbau von Bodenmassen usw.)
auf erforderliche Spezialuntersuchungen für die Vorbereitung und
Begründung von Planungsentscheidungen (Planungen benachbarter
Räume, Klimagutachten, Untersuchungen über das Freizeitverhalten
der Bevölkerung usw.)

Anhang

1   Erfassung und Bewertung übergeordneter Zusammenhänge in der
     Landschaft

1.1 Einordnung in grössere naturräumliche Landschaftseinheiten
1.2 Landschaftsbezogene Ziele der Raumordnung und Landesplanung
1.3 Wesentliche historische Gegebenheiten der Landschaft

2   Erfassung und Bewertung der natürlichen Gegebenheiten der Land-
     schaft

2.1 Die natürlichen Landschaftsfaktoren
2.11 Geologischer Aufbau und Oberflächenformen
2.12 Lokalklima
2.13 Gewässer
2.14 Böden
2.15 Vegetation
2.16 Tierwelt
2.2 Zusammenfassung der natürlichen Gegebenheiten

3   Erfassung und Bewertung der bestehenden und geplanten Nutzungen
     im Bezug auf die natürlichen Gegebenheiten (Haushalt und Bild) der
     Landschaft

3.1 Bestehende und geplante Nutzungsansprüche
3.11 Wohnen und Gewerbe
3.12 Gemeinbedarf
     (Kirche, Schule, Krankenhaus, Kindergarten usw.)

3.13 Verkehr (Strasse, Schiene, Luft)
3.14 Ver- und Entsorgung
3.15 Grünflächen
    (Bestand, Bedarf, Zuordnung)
3.16 Wassergewinnung und -benutzung
3.17 Gewinnung von Steinen und Erden und anderen Bodenschätzen
3.18 Landwirtschaft
3.19 Forstwirtschaft
3.2 Beziehungen zwischen einzelnen Nutzungen und natürlichen Gegebenheiten sowie Wechsel- und Nebenwirkungen der verschiedenen Nutzungen im Bereich der Landschaft (Schäden, Gefahren, Probleme, Konflikte)

1.3   Der politische Gehalt von Landschaftsplanung

1.31 Die Begriffe „Politik" und „Politische Planung"

Nach Fritz Scharpf (*Scharpf,* 1973, S. 169 ff.) ist der Ausgangspunkt von Politik die Möglichkeit von gemeinsamem (kollektivem) Handeln, ohne dass dabei generell Einmütigkeit (Konsens) vorausgesetzt werden kann oder muss.

Kollektives Handeln kann auf unterschiedliche Weise zustande kommen und d. h. es kann beruhen auf
— durch einen äusseren Anlass oder Gegner erzwungener Solidarität
— Macht
— von Fall zu Fall angewandtem Zwang
— institutionalisierten Möglichkeiten, bindende Entscheidungen zu treffen. (vgl. *Scharpf,* 1973, S. 169 ff.)

Letzteres ist — wie wir bereits gesehen haben — im Bereich der Landschaftsplanung der Fall, da Landschaftsplanung durch staatliche Institutionen ausgeübtes bzw. kontrolliertes Handeln ist.

Handlungen, die durch Institutionen vollzogen werden, weisen mehrere für sie typische Charakteristika auf:
— sie laufen nach Regeln ab, die durch Recht gesetzt werden
— politische Entscheidungsträger interpretieren diese Rechtsvorschriften und setzen sie in Abhängigkeit von der konkreten Situation in konkrete Entscheidungen um

– es lässt sich zwischen Entscheidungsträgern und Betroffenen unterscheiden.

Zum Kernbereich von politischen Entscheidungen (und Planungen sind ja letztlich nichts anderes) gehören die Konsensbildung und die Konfliktaustragung zwischen unterschiedlichen Entscheidungsträgern, soweit sie unterschiedliche Interessen und Aufgaben repräsentieren, sowie die Konsensbildung und die Konfliktaustragung zwischen Entscheidungsträgern und Betroffenen. Die innerhalb von Verwaltungen zu beobachtenden Kämpfe zwischen Fachplanungen sind Beispiele des ersteren Problemkreises, während die Demokratisierung von Planung den letzteren meint. Reale politische Handlungsprozesse weisen grundsätzlich mehrere unterschiedliche Eigenschaften auf (*Scharpf*, 1973, S. 170 ff.):

Die Anzahl der Entscheidungsträger und der sich politisch verhaltenden Betroffenen ist gering oder begrenzt.

– Sie besitzen zudem unterschiedliche
  – Wirklichkeitsvorstellungen
  – Interessen
  – Einflusschancen
  – Konfliktpotentiale

In diesem Zusammenhang ist politische Planung zunächst nichts anderes als die vorwegnehmende Koordination einzelner Beiträge zu politischen Handlungen. (Vgl. *Scharpf*, 1973, S. 107 ff.) Dieser Planungsbegriff wird üblicherweise in zwei Richtungen präzisiert:

– Institutionell – formal (d. h. politische Planung wird als durch Institutionen geregelte gesellschaftliche Handlung verstanden). In diesem Sinn wird politische Planung staatlicher Planung gleichgesetzt (*Hübener, Halberstadt,* 1976, S. 4 ff. bzw. *Lauffs, Zülke,* 1976, S. 17), d. h. sie wird als Staatstätigkeit insbesondere auf der Ebene des Zusammenspiels zwischen Politikern und Administratoren, interpretiert. (Vgl. *Luhmann,* 1971)

– Am Politikbegriff orientiert – inhaltlich (d. h., das Verständnis politischer Planung wird aus dem Politikbegriff abgeleitet). Diesen Weg beschreitend muss man zwei Dimensionen des Politikbegriffs auseinanderhalten (Vgl. *Schmid, Treiber,* 1975, S. 38):

  – Politik als Kampf um Machtanteile, als Interessenberücksichtigung, als Anspruchsdurchsetzung usw.
  – Politik als politischer Entwurf, als gesellschaftliche Entwicklungsstrategie, als Langfristplanung usw.

Politische Planung als Problemlösungsstrategie umfasst beide Aspekte. Sie kann sowohl zur unmittelbaren Konsensbildung und Handlungskoordination beitragen, als auch langfristige Zielplanungen artikulieren. (Vgl. *Scharpf*, 1973)

Politische Planung dient damit dreierlei:

- der Koordination und der Strukturierung anstehender kollektiver Handlungen
- der Formulierung längerfristiger Zielvorstellungen und Handlungskonzeptionen
- der Legitimation von solchen Handlungen gegenüber den Betroffenen.

Politische Planung wird geprägt durch die bestehende Struktur der entscheidungsrelevanten Institutionen und durch die sich in den Gesetzen und durch die Institutionen äussernden gesellschaftlichen Interessen. Das heisst sie ist ein Produkt der gesellschaftlichen Wirklichkeit, und sie folgt nicht Leitbildern oder Wunschvorstellungen, die sich in den Köpfen von Planern ansiedeln, wenn diese Leitbilder oder Wunschvorstellungen nicht der gesellschaftlichen Wirklichkeit angemessen sind. Planerisches Handeln kann sich der Macht der in einer Gesellschaft bestehenden Strukturen nicht entziehen.

1.32 Landschaftsplanung als politische Planung

Der eben entwickelte Begriff politischer Planung umfasst offensichtlich auch Landschaftsplanung, obwohl dies dem einzelnen Landschaftsplaner nicht in jeder Situation bewusst sein muss. Denn Landschaftsplanung hat drei – allerdings nicht voneinander abtrennbare – Dimensionen:

- die Sachdimension (Das materielle Objekt von Landschaftsplanung ist Landschaft. Der Landschaftsplaner benötigt Kenntnisse über seinen Planungsgegenstand, d. h. insbesondere benötigt er Kenntnisse von Wirkungsgefügen sowie von kausalen und funktionalen Beziehungen innerhalb des Naturhaushaltes und den von den Nutzungen ausgehenden Folgewirkungen auf die Landschaft).
- den individuellen Handlungsbezug (Aus der Sicht des Landschaftsplaners ist seine Tätigkeit zunächst individuelle Tätig-

keit (Verausgabung konkreter Arbeit). Er muss daher Planungsmethoden und Planungstechniken kennen und beherrschen).

3 — den gesellschaftlichen Handlungsbezug (Landschaftsplanung ist die Strukturierung von zukünftigen, gesellschaftlichen Handlungen in bezug auf die Vernutzung und Benutzung von Landschaft. Sie wird vom Staat koordiniert und der Staat definiert ihre Spielregeln, d. h. Landschaftsplanung ist durch Institutionalisierung vergesellschaftetes Handeln).

Landschaftsplanung kann alle drei bereits genannten Funktionen politischer Planung wahrnehmen (vgl. Abschnitt 1.31):

1 — In der Form von Landschaftsrahmenplänen, insbesondere aber von Landschaftsplänen und landespflegerischen Begleitplänen zu Fachplanungen kann sie die gesellschaftliche Landschaftsnutzung koordinieren und strukturieren.

2 — Als Landespflegeprogramm, als Landschaftsrahmenplan und auch als Landschaftsplan kann sie der Formulierung längerfristiger Zielvorstellungen und Handlungskonzeptionen im Bereich Landschaftsnutzung dienen.

3 — Landespflegeprogramme, Landschaftsrahmenpläne, Landschaftspläne und landespflegerische Stellungnahmen und Begleitpläne können auch zur Legitimation politischer Entscheidungen beitragen, indem sie den Eindruck erwecken, die Belange der Reproduktion würden ernst genommen, unabhängig davon ob dies tatsächlich der Fall ist.

Landschaftsplanerische Entscheidungen sind im allgemeinen institutionalisierte Entscheidungen. Sie werden in erster Linie von politischen Entscheidungsträgern und Verwaltungsbeamten getroffen. Die Betroffenen sind im Regelfall von der unmittelbaren Entscheidungsbildung ausgeschlossen. Sie haben aber die Möglichkeit, über eine Lobby, durch Eingaben oder durch die Anwendung anderer Rechtsmittel auf den Entscheidungsprozess Einfluss zu nehmen. Solche Einflussnahme geht jedoch nur von denjenigen Betroffenen aus, die gesellschaftlich relevant und artikulationsfähig sind, d. h. von Betroffenen, die ihre Interessen erkennen, formulieren und durchsetzen können.

Die Frage nach den hinter der Landschaftsplanung stehenden Interessen und den Kräften mit denen Landschaftsplanung in der Praxis in Konflikt gerät, lässt sich im konkreten Fall häufig nur unzureichend klären. Dennoch kann auf einer allgemeineren Ebene der Rahmen abgesteckt werden, innerhalb dessen sie ihre Antwort findet.

Aus den gesetzlich verankerten Aufgaben und Zielen der Landespflege sowie aus den Gliederungsmustern für Landschaftspläne geht eindeutig hervor, dass sich Landschaftsplanung in erster Linie den Interessen des Schutzes und der Reproduktion von Landschaft und Mensch verpflichtet fühlt. Es dominieren Aufgaben, die auf Schutz, Sicherung und Pflege der Landschaft sowie auf die Schaffung von Erholungsmöglichkeiten hinzielen. Indem aber Landschaftsplanung den Interessen der Reproduktion huldigt, gerät sie in vielen Fällen mit den Interessen – und zwar mit den kurzfristigen Interessen – der Produktion in Konflikt. Dies kann geschehen

- indem sie den Produktionsprozess unmittelbar behindert (z. B. durch die Ausweisung schutzwürdiger Bereiche)
- indem sie den Produktionsprozess erschwert (Bodenabbaugesetz, Umweltschutzmassnahmen, landespflegerische Begleitplanungen, Einflussnahme auf die Abfallagerung)
- indem sie die Produktion verteuert
- indem sie die Reproduktionsansprüche in der Gesellschaft höher schraubt und damit auch die Reproduktionskosten, die zum Teil vom Staat aufzubringen sind, erhöht.

Da in unserer Gesellschaft – das soll hier jedoch nicht weiter ausgeführt werden – im Regelfall die Produktionsinteressen (Wachstumsinteressen) die stärkeren und dominierenden sind, ist es nicht verwunderlich, dass die Landschaftsplanung, die vorwiegend auf Reproduktionsinteressen beruht, relativ erfolglos ist.

Landschaftsplanung ist nach der bisherigen Erfahrung nicht in der Lage, die Raumnutzung entgegen ökonomischen Interessen nachhaltig zu beeinflussen. Man könnte das vielleicht auch so formulieren: Landschaftsplanung ist da erfolgreich, wo ihr kein zentrales Interesse des Produktionssektors entgegensteht oder wo die Produktionsinteressen dazu tendieren, die Voraussetzungen der

Produktion, d. h. hier die für die Produktion notwendige Landschaft nachhaltig zu vernichten.

Fragt man nach den gesellschaftlichen Kräften, die hinter den von der Landschaftsplanung vertretenen Reproduktionsbedürfnissen bzw. Produktionsinteressen stehen, so muss man feststellen, dass diese Kräfte weitgehend unorganisiert und gesellschaftlich nur bedingt durchsetzungsfähig sind. Neben engagierten Einzelpersonen werden die der Landschaftsplanung zugrundeliegenden Interessen vornehmlich durch Heimat- und Naturschutzvereine und in neuerer Zeit zunehmend durch Bürgerinitiativen vertreten. Ein weiterer, zumindest potentieller und gesellschaftlich relevanter Vertreter von Reproduktionsinteressen sind die Gewerkschaften.

Fragt man nach dem politischen Einfluss der eben aufgeführten Vertreter von Reproduktionsinteressen, so gibt es nicht nur Anlass zum Pessimismus. Den Naturschutzverbänden und den im Umweltsektor tätigen Bürgerinitiativen ist es in den letzten Jahren gelungen, einen, wenn auch begrenzten Einfluss auf die für die Landschaftsplanung verantwortlichen Entscheidungsträger zu nehmen.

Auch die Gewerkschaften scheinen sich ihrer gesellschaftlichen Verantwortung für den gesamten Reproduktionsbereich zunehmend bewusst zu werden. Zumindest haben sie das in den letzten Jahren verstärkt hervorgehoben (so z. B. in der Diskussion um die Qualität des Lebens und dem Umweltprogramm des DGB). Im Umweltprogramm des DGB findet sich auch eine auf Landschaftsplanung ausgerichtete These (These 48):

„Die Landschaftsplanung muss zu einem wesentlichen Bestandteil der Raumplanung werden; sie hat die Aufgabe, durch Abgrenzung von Bebauungsgebieten, Erholungsgebieten und natürlichen Schutzgebieten für einen sinnvollen Ausgleich zwischen den dichtbesiedelten Ballungsgebieten und den natürlichen Erholungsgebieten zu sorgen; der Ausschluss der Allgemeinheit von Kulturlandschaften muss verhindert bzw. rückgängig gemacht werden." (DGB, 1974, S. 64) Trotzdem hat der DGB die Taten bisher vermissen lassen. Seine Umweltthesen können wohl als der erste Versuch zur Wahrnehmung allgemeiner, auf die Umweltsituation bezogener Reproduktionsinteressen der Bevölkerung durch die Gewerkschaften gewertet werden. Sie müssten jedoch im Hinblick auf die Landschaftsplanung präzisiert werden und sie müssten

Grundlage realer, tatsächlicher Gewerkschaftspolitik werden, anstatt wie bisher lediglich als programmatische Äusserung zu dienen.

Die vorherrschende und auch durch die eben aufgezeigten Tendenzen nicht aufgehobene Einflusslosigkeit der durch die Landschaftsplanung vertretenen Reproduktionsinteressen im politischen Handlungs- und Entscheidungsprozess lässt sich an den bereits im Abschnitt 1.21 aufgezeigten Schwächen des Landschaftsplanungssystems erkennen. Solange Landschaftsplanung so wenig gesellschaftliche und politische Durchsetzungsfähigkeit hat wie zur Zeit, befindet sich Landschaftsplanung in der Gefahr, anstatt eine gesellschaftliche verantwortbare Landschaftsnutzung durchzusetzen, dazu zu dienen, den Raubbau an Landschaft im Interesse des Wirtschaftswachstumes zu verschleiern.

1.4   Zur Situation des Landschaftsplaners

In den vorangehenden Abschnitten sind viele wichtige Punkte nur angerissen oder skizzenhaft angedeutet worden, dennoch lassen sich aus dem Gesagten einige Schlüsse ziehen, die das Verständnis und das Selbstverständnis von Landschaftsplanung betreffen.

- Als politische Planung vertritt Landschaftsplanung gemäss ihrem Selbstverständnis primär Reproduktionsinteressen. Sie gerät daher häufig in den Konflikt mit Interessen der Produktion.

- In dieser Interessenaussetzung kann Landschaftsplanung nur in dem Masse bestehen, wie ihre Belange von gesellschaftlich relevanten Gruppierungen, z. B. Bürgerinitiativen oder Gewerkschaften) als Interessen artikuliert und vertreten werden.

- Will der Landschaftsplaner erfolgreich sein, so muss es ihm gelingen, seine Belange so zu formulieren, dass sie von gesellschaftlich relevanten Interessengruppierungen aufgegriffen werden.

- Das Fachwissen des Landschaftsplaners muss folglich neben den unverzichtbaren naturwissenschaftlichen auch gesellschaftswissenschaftliche (insbesondere ökonomische und sozialwissenschaftliche) Kenntnisse beinhalten. Denn Nutzungsansprüche an Landschaft können nicht sinnvoll planerisch erfasst und bearbeitet werden, ohne die Einbeziehung von Wissen über die Verhaltensstrukturen, die sich in einer bestimmten Gesellschaft herausgebildet haben.

- Der Landschaftsplaner muss weiterhin die rechtlichen und organisatorischen Möglichkeiten kennen, die ihm dienlich sein können.
- Er muss darüber hinaus auch über die notwendigen Arbeitsmethoden und -techniken verfügen, die heute zu den Standards einer leistungsfähigen Planung gehören und die jedoch zumeist nicht aus dem engeren Bereich der Landschaftsplanung stammen oder in ihm entwickelt wurden.
- Erst das Zusammenspiel von Fachkenntnis, Arbeitsmethodik und dem Wissen um die bestehenden gesellschaftlichen Strukturen erlauben es dem Landschaftsplaner seinen Zielvorstellungen gerecht zu werden (Vgl. Abschnitt 1.13)

Die Komplexität der so formulierten Anforderungen an Landschaftsplaner machen es verständlich, dass Landschaftsplaner in der Realität häufig entweder frustriert vor den an sie gerichteten Anforderungen stehen oder einen Teil dieser Anforderungen aus ihrem Bewusstsein verdrängen. Dies geschieht z. B., wenn sie sich nur auf den naturwissenschaftlichen Aspekt konzentrieren und planungsmethodische und gesellschaftliche Bezüge von Landschaftsplanung beiseite lassen, oder die Planungsmethodik hervorheben, aber die Inhalte und den Gesellschaftsbezug nur oberflächlich bearbeiten.

Planungstheorie soll dem Landschaftsplaner in dieser Situation eine Hilfe sein, indem sie ihm eine Möglichkeit bietet, nicht nur zu Planen, sondern auch in adäquater Weise theoretisch über sein Handeln nachzudenken. Solch eine Reflektion planerischen Handelns wird in der Regel nicht nur das Selbstverständnis des Landschaftsplaners über sein Tun erweitern, sondern auch Ausgangspunkt für Lernprozesse und damit für Verbesserungen seines planerischen Handelns sein.

2.1   Planung als Handlung

Das vorangehende Kapitel verdeutlicht, dass Planung nicht nur die gedankliche Vorwegnahme künftigen Handelns ist (vgl. *Stachowiak*, 1970, S. 1), sondern dass Planung eine spezifische Art des Handelns ist. Planungshandeln kann man als individuelle und als gesellschaftliche Tätigkeit thematisieren.

Betrachten wir zunächst Planung als individuelle Tätigkeit, d. h. aus der Sicht des Planers. Für ihn ist Planung eine auf die Anfertigung eines Planes gerichtete Handlung. Sie ist konkrete Arbeit und schafft ein nützliches Produkt, den Plan. Wie bei jedem konkreten Arbeitsprozess lässt sich auch hier unterscheiden zwischen tätigem Subjekt, Arbeitsgegenstand und Arbeitsmitteln. Tätiges Subjekt des Planungsprozesses ist der Plan, d. h. die Vorstrukturierung von Handlungen (des Planausführers) gegenüber einem bestimmten Objektbereich. Das Planungsobjekt, d. h. den Ausschnitt der Welt, der beplant wird, wollen wir als Arbeitsgegenstand bezeichnen. Die Arbeitsmittel des Planers können materieller oder auch ideeller Natur sein. Zu den materiellen Arbeitsmitteln des Planers gehören vor allem Arbeitsgeräte, wie z. B. Zeichenutensilien, EDV-Anlagen usw. Ideelle Arbeitsmittel sind Wissen und Theorien über den geplanten Objektbereich, Leitbilder und Leitideen für den geplanten Objektbereich, Erfahrungen aus früheren Planungen, Kenntnisse von Planungsmethoden usw. Der individuelle Arbeitsprozess des Planers ist damit strukturiert durch:

– die objektive Natur des Planungsgegenstandes, d. h. durch die Eigenschaften und Gesetzmässigkeiten des Planungsobjektes
– durch die dem Planer zur Verfügung stehenden materiellen Arbeitsmittel
– durch die dem Planer zur Verfügung stehenden ideellen Arbeitsmittel.

Die produktive Tätigkeit des Planers besteht nun darin, unter Einsatz der Arbeitsmittel einen auf den Arbeitsgegenstand (das Planungsobjekt) bezogenen Plan zu produzieren. Dieser Arbeitsprozess ist schöpferischer Natur, da sein Resultat (der Plan) in der Ausgangssituation des Arbeitsprozesses noch nicht bekannt ist. Planung lässt sich damit aus der Sicht des individuellen Planers durch zwei wesentliche Merkmale charakterisieren:

- der Planungsprozess (d. h. der Arbeitsprozess des Planers) enthält nicht wegmechanisierbare kreative Elemente
- das Produkt des Planungsprozesses, der Plan, legt zukünftige Handlungen gedanklich fest. Er ist damit vorwiegend ideeller Natur.

Diese beiden Charakteristika von Planung machen es verständlich, dass Planer gern ihre Subjektivität überbetonen und sich als Individualisten oder Künstler verstehen. Solch ein Selbstbild ist zwar häufig anzutreffen, es gibt aber die Wirklichkeit keineswegs angemessen wieder.

Planung ist nicht nur individuelle Tätigkeit, sie ist – sieht man von dem Extremfall ab, in dem ein Individuum seine Handlungen in seinem rein privaten Bereich plant, zugleich auch vergesellschaftete Tätigkeit. Ihre Form und ihr Inhalt sind geprägt und bestimmt von der jeweils bestehenden ökonomischen und sozialen Gesellschaftsformation. Die Vergesellschaftung der planerischen Tätigkeit ist offensichtlich, sie lässt sich bereits an den Erscheinungsformen von Planung ablesen.

- Die Vergesellschaftung von Planung wird häufig bereits an ihrem Gegenstandsbereich deutlich, der in vielen Fällen ein Ausschnitt der Gesellschaft (z.B. Bildungsplanung) oder der gesellschaftlich genutzten Natur (z. B. Landschaftsplanung) ist.
- Planung als professionelle Tätigkeit ist nur in Gesellschaften möglich, in denen ein differenziertes System der Arbeitsteilung existiert. Ein funktionierendes System der Arbeitsteilung beinhaltet jedoch stets gesellschaftlich eingespielte Mechanismen und Verfahren der Koordination der Einzelarbeit. In Abbildung 2 sind einige dieser Koordinationsbeziehungen für den Planer dargestellt.
- Planung ist weitgehend geistige, d. h. ideelle Arbeit. Der Planer ist daher auf ideelle Arbeitsmittel in Form von Informationen, theoretischem Wissen, Leitbildern usw. angewiesen. Darüber hinaus benötigt er auch materielle Hilfsmittel und Ressourcen. Sie müssen für ihn von anderen Mitgliedern der Gesellschaft bereitgestellt oder produziert werden. Abbildung 3 gibt einen Aus-

Abbildung 2: Die Stellung des Planers im System der gesellschaftlichen Arbeitsteilung

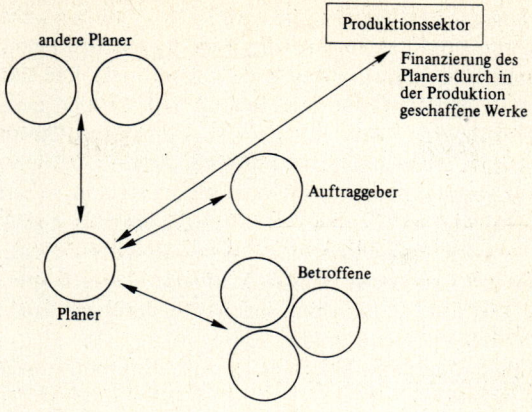

Abbildung 3: Die Vergesellschaftung des Planers durch Ressourcenabhängigkeit

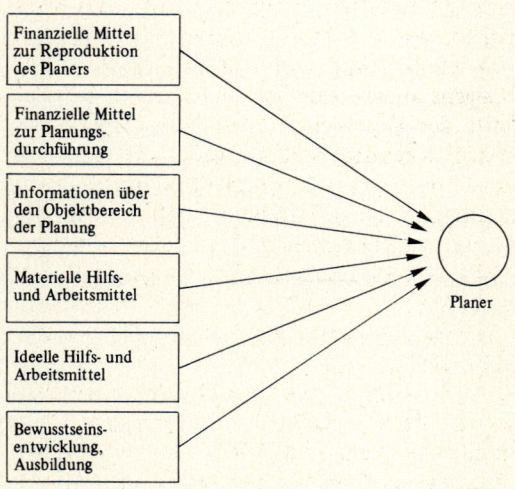

schnitt der Informations- und Ressourcenverflechtung des Planers innerhalb der ihn umgebenden Gesellschaft wieder.

Auf der allgemeinen Ebene, auf der Planung hier betrachtet wird, lässt sich zunächst nur zeigen, dass Planung ein Teilbereich gesellschaftlicher und somit allgemeiner Arbeit ist. Die konkreten gesellschaftlichen Einflüsse auf Planung und die sich daraus ergebenden Strukturen und Inhalte der einzelnen Planungstypen können nur im Zusammenspiel mit einer Analyse der jeweils konkreten Bezugsgesellschaft herausgearbeitet werden. Gegenstandsbereiche, Inhalte und Formen von Planung verändern sich mit der Entwicklung von Gesellschaften. Aus der doppelten Bestimmtheit des Planungsprozesses sowohl individuelle als auch gesellschaftliche Tätigkeit zu sein, lassen sich Anforderungen formulieren, denen ein Planer gerecht werden sollte.

Planung als individuelle Tätigkeit (konkrete Arbeit) verlangt von ihm:

- Fachkenntnisse über den Gegenstandsbereich seiner Planung bzw. die Fähigkeit, sich diese Fachkenntnisse in der Planungssituation anzueignen;
- die Beherrschung der notwendigen Arbeitsmittel, d. h.
  - Können im Umgang mit den materiellen Arbeitsmitteln, das sich z. B. in der Fähigkeit zur Anfertigung von Planzeichnungen, Anschauungsmaterial, physischen Modellen des Planungsobjektes und ähnlichem niederschlägt,
  - Kenntnisse der ideellen Arbeitsmittel (Theorien, Arbeitsmethoden, Planungskonzeptionen und ähnliches) und die Fähigkeit, mit diesen ideellen Arbeitsmitteln umzugehen, die sich z. B. in zutreffenden Analysen des Planungsproblems, in der Entwicklung klarer aussagekräftiger Planungskonzeptionen und gelungener Planungsvorschläge ausdrückt.

Planung als gesellschaftliche Tätigkeit (allgemeine Arbeit) verlangt vom Planer:

- Soziales Verhalten, das der Planungssituation angemessen ist, d. h.
  - die Fähigkeit zur Teamarbeit
  - Konfliktfähigkeit gegenüber konkurrierenden Planungsinteressen
  - die Fähigkeit zum sachdienlichen Umgang mit den Auftraggebern

- die Fähigkeit zum Umgang mit den Planungsbetroffenen
- Wissen um die konkreten Formen der Vergesellschaftung, d. h. zum Beispiel
  - Kenntnis der Organisationsformen und -strukturen, nach denen seine Arbeit auf andere Arbeiten bezogen wird (Kenntnis des gesetzlichen Rahmens seiner Tätigkeit, Kenntnis der Administration, der er angehört oder die ihn beauftragt usw.),
  - Kenntnis der Personen oder Institutionen, die Informationen produzieren, welche für seine Planung relevant sind,
  - Kenntnis der Ressourcen, die zur Herstellung seiner Planung zur Verfügung stehen und die zu deren späteren Ausführung benötigt werden;
- In Planungen, die nicht nur Auftragsplanungen sein wollen, wird sich die Vergesellschaftung der planerischen Tätigkeit auch darin niederschlagen, dass der Planung eine gesellschaftspolitische Konzeption zugrundegelegt wird. Dies setzt voraus, dass sowohl ein Bild der bestehenden Gesellschaft als auch Vorstellungen über die Art, in der die Gesellschaft durch Planung verändert werden soll, entwickelt werden. Beides ist nur auf der Basis einer präzisen Gesellschaftsanalyse sinnvoll möglich.

Planung ist somit eine sehr komplexe Tätigkeit. Da sie sich auf Zukünftiges bezieht, ist jede Planung in sich einmalig. Die Lösung eines Planungsproblems beinhaltet stets auch ein kreatives Moment. Planung ist vordringlich ideelle (geistige) Arbeit. Sie verlangt die Beherrschung ideeller Arbeitsmittel, was ein ständiges Training der Denkfähigkeit und der Geisteskräfte des Planers verlangt. Planung verändert nicht nur die Welt in Form von ausgeführten Plänen, sie verändert auch den Planer. Planung ist reflexiv, da jeder Planungsvorgang als geistige Arbeit auf das Wissen und die Bewusstseinslage des Planers zurückwirkt und diese in Form von Lernprozessen verändert. Solche Lernprozesse werden strukturiert und gesteuert durch die theoretische Reflektion des Planers über sein Tun, d. h. durch Planungstheorie. Im folgenden Abschnitt sollen daher der Sinn einer allgemeinen Planungstheorie skizzenhaft thematisiert werden.

2.2 Planungstheorie – Versuch einer Begriffsklärung

Planungstheorien beinhalten systematisches Wissen über Planung. Sie sind – wie alle Theorien – Produkte von Wissenschaft. Wissenschaft ist eine Tätigkeit, d. h. eine besondere Form der Verausgabung menschlicher Arbeitskraft. Ihr Ziel ist die Produktion von Erkenntnis. (Als Erkenntnis soll hier systematisch geordnetes und auf Zusammenhänge bzw. Gesetzlichkeiten hin interpretiertes Wissen über erfahrene bzw. beobachtete Sachverhalte verstanden werden.)

Werner *Hofmann* drückt dies folgendermassen aus. „Im formalen Sinne bezeichnet Wissenschaft eine methodische (d. h. systematische und kritische) Weise der Erkenntnissuche. Ihrem allgemeinen Inhalt nach ist Wissenschaft gerichtet:

1. auf das Erscheinungsbild der Wirklichkeit als sammelnde, beschreibende, klassifizierende Tätigkeit, als Morphologie, Typologie usw.);

2. als theoretische Arbeit auf Zusammenhang, Bedeutung, Sinngehalt der Erscheinung auf wesentliche Grundsachverhalte, auf Gesetze der Wirklichkeit.

. . . Damit ist gesagt:

1. Wissenschaft ist nicht durch den Erkenntnisgegenstand bestimmt . . .

2. Wissenschaft steht nicht in strengem, ausschliesslichen Gegensatz zum einfachen Wahrnehmen und Denken – und damit der Wissenschaftler zum einfachen Menschen." (*Hofmann*, 1968/1.)

Betrachtet man Wissenschaft als Arbeit, als Tätigkeit bzw. als Handlung, so ist es offensichtlich, dass auch Wissenschaft einen Doppelcharakter hat. Sie ist sowohl individuell als auch vergesellschaftete Arbeit. Auch sie kann – ähnlich wie Planung – als individueller und als vergesellschafteter Arbeitsprozess gedeutet werden. (*Rilling*, 1975)

Theorien sind Produkte wissenschaftlichen Arbeitens. Sie drücken die Erkenntnisse über einen bestimmten Forschungsgegenstand aus. Sie dienen der begrifflichen Ordnung und Strukturierung unserer Wahrnehmung. Allgemein bezeichnet man eine „systematisch geordnete Menge von Aussagen bzw. Aussagesätzen über einen Bereich der objektiven Realität oder des Bewusstseins" (*Klaus/Buhr*, 1972, S. 1083) als Theorie. Theorien geben wissenschaftliche Erkenntnisse über die Welt wieder. Sie sollen über die Wirklichkeit informieren und Sachverhalte bzw. Geschehnisse erklären.

Wissenschaftliche Erkenntnisse und damit auch Theorien sind stets Antworten auf Fragen und Problemstellungen, die zu Beginn des Forschungsprozesses formuliert wurden. Wissenschaftliche Fragestellungen lassen sich ihrerseits wiederum auf Erkenntnisinteressen zurückführen. (*Habermas,* 1968) Dies hat Konsequenzen für die Strukturen von Planungstheorien.

Der Aufbau und der Ausbau einer Planungstheorie hängt folglich von den Erkenntnisinteressen und Fragestellungen ab, unter denen der Planungsprozess jeweils betrachtet wird. Die wichtigsten den Planer interessierenden Betrachtungsperspektiven von Planungsprozessen sind:

- Beschreibungen von Planungsprozessen (Schilderung des Ablaufes realer Planungsprozesse). Sie geben Antwort auf Fragen „Was ist geschehen? Wer hat wie, wann, wo innerhalb eines Planungsprozesses gehandelt? ..."

- Deutung und Erklärung von Planungsprozessen (theoretische Herausarbeitung der Gesetzmässigkeiten, nach denen Planungsprozesse ablaufen). Sie geben Antworten auf Fragen: Wie, warum ist ein Planungsprozess so und nicht anders abgelaufen? Welche Funktion haben bestimmte Handlungen im Planungsprozess? ...

- Abstrakt logische Darstellung von Planung (Formulierung eines Begriffsgefüges, in dem allgemein über Planung gesprochen werden kann, Entwicklung von Modellen von Planungsprozessen, allgemeine Kennzeichnung der Probleme, die in realen Planungen auftreten). Sie gibt Antwort auf die Fragen: Welche allgemeine Struktur hat ein Planungsprozess? Was ist Planungsprozessen gemeinsam? ...

- Normative (präskriptive) Planungskonzeptionen (Wertvorstellungen, Leitbilder, an denen sich Planungsprozesse orientieren sollen). Sie sind Handlungsregeln, nach denen geplant werden kann und sie beantworten die Fragen: Was kann konkret geplant werden? Wie werden einzelne planerische Handlungen durchgeführt? ...

Die fünf eben aufgeführten Betrachtungsperspektiven von Planungsprozessen stehen in einem inneren Zusammenhang. Ihrer aller Gegenstand sind Planungsprozesse in einer bestimmten gesellschaftlichen Situation. Sie werten die Information über ihr Erkenntnisobjekt jedoch in unterschiedlichen Formen und unter Zuhilfenahme unterschiedlichen Zusatzwissens aus.

Beschreibungen geben das Beobachtete zunächst nur wieder. Erklärungen versuchen Gesetzmässigkeiten im beobachteten Bereich aufzuzeigen. Logische Abstraktionen versuchen unter Ausschaltung der jeweils situativen Momente die wesentlichen Grundstrukturen von Planung herauszuarbeiten. Normative Planungskonzeptionen setzen sowohl Wissen über reale Planungsgeschehen als auch über Wertmassstäbe, an denen sich zukünftige Planung orientieren soll, voraus. Operationale Planungsanweisungen sind nicht denkbar ohne Kenntnis der jeweils konkreten Handlungsmöglichkeiten. Abbildung 4 gibt den eben aufgezeigten Zusammenhang zwischen den fünf genannten Betrachtungsperspektiven von Planungsprozessen wieder.

Da Theorien zunächst nur Sachverhalte bzw. Geschehnisse erfassen, in Zusammenhang stellen und Gesetzmässigkeiten zwischen ihnen herausarbeiten, ist es offensichtlich, dass weder Planungskonzeptionen noch operationale Planungshandlungsanweisungen aus ihnen logisch abgeleitet werden können. Das heisst nichts anderes, als dass die Kenntnis von Planungstheorie allein noch nicht ausreicht, um ein guter Planer zu sein.

Planungswissen als Wissen von und über Planung stellt sich uns folglich in drei Formen dar:

— als Wissen über den Planungsgegenstand (Sachwissen)

— als Wissen über die instrumentellen Möglichkeiten zur Veränderung des Planungsobjektes (man bezeichnet solches Wissen als instrumentelles Wissen. „Instrumentelles Wissen verknüpft Sachverhalte mit Handlungsweisen im Hinblick auf die Erreichung von Zielen. Es besteht in Rezepten, Heuristiken, Regeln, Techniken und Methoden, mit deren Hilfe man eine Situation manipuliert." (*Rittel*, 1969, zitiert n. Laage u. a. 1976)

— als Wissen über die gesellschaftlichen Rahmenbedingungen und den gesellschaftlichen Kontext von Planung (Wissen um Handlungsspielräume, Wissen über Reformbedürftigkeit und Reformmöglichkeiten der Gesellschaft, Wissen über Emanzipationsmöglichkeiten in der Gesellschaft).

Planungstheorien dienen der Systematisierung von Planungswissen. Sie sind damit für den Planer ein wichtiges ideelles Ar-

Abbildung 4: Dimensionen von Planungsdenken

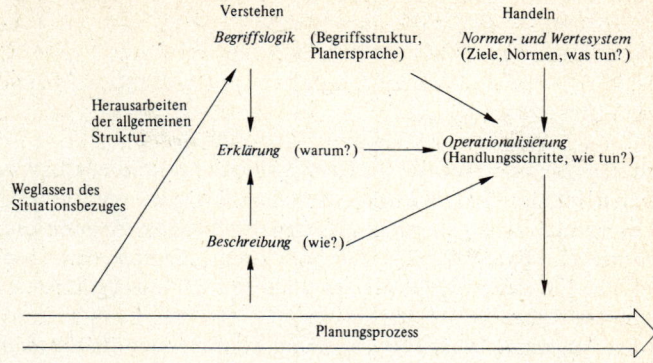

beitsmittel (vgl. Abschnitt 2.1). Inwieweit eine konkrete Planungstheorie im Sinne dieser Anforderungen wirksam wird, hängt von zweierlei ab:

- von ihrem faktischen Erklärungsinhalt und ihrer Bezogenheit auf die realen praktischen Planungsprobleme
- von den Fähigkeiten des Planers, sich die Inhalte der Theorie anzueignen und auf seine praktischen Handlungsprobleme zu beziehen.

3 Die formale Struktur von Planungsprozessen

3.1 Vorbemerkung

Planungsprozesse haben in der Realität sehr unterschiedliche Formen und Inhalte. Sie sind unterschiedlich komplex und beziehen sich auf verschiedene Bereiche des sozialen Lebens. Planung kann individuelle oder staatliche Tätigkeit sein. Planung kann rein materielle Objekte oder auch Ausschnitte der Gesellschaft zum Gegenstand haben.

Will man allgemein über Planung reden, so muss man das Gemeinsame in all den verschiedenen Formen von Planung suchen. Dies setzt stets voraus, dass man eine generalisierende Betrachtungsperspektive wählt. Sie besteht im folgenden darin, dass Planung als Handlung und aus der Sicht des Planers betrachtet wird.

Will man die allgemeine Struktur, die allen konkreten Planungsprozessen zugrunde liegt, herausarbeiten, so muss man das Wesentliche dieser Planungsprozesse aus ihnen abstrahieren, indem man die jeweils spezifischen Besonderheiten weglässt. Ausgangspunkt solcher Abstraktionen ist stets die Kenntnis und Beschreibung konkreter Planungsabläufe. In dem darauf aufbauenden Abstraktionsvorgang gilt es, die allgemeine Form des Handlungsprozesses Planung herauszuarbeiten und dabei von allen konkreten Einzelheiten und den Inhalten der jeweiligen Planungsprozesse abzusehen. Es findet ein Übergang von der Planungsbeschreibung zur Planungslogik (vgl. Abb. 4) statt.

Dieses Vorgehen ist jedoch nur auf der Basis einer nicht unproblematischen Prämisse möglich. Sie lautet: ,,Alle Planungsprozesse, gleichgültig, ob es sich um Landschaftsplanungen, Raumplanungen, Wirtschaftsplanungen, Unternehmungsplanungen usw. handelt, besitzen eine gemeinsame Form (abstrakte Struktur), die unabhängig von den jeweiligen Inhalten der Planung ist. Eine allgemeine Planungstheorie kann sich nur mit dieser allgemeinen Struktur beschäftigen."

Eine Abstraktion und damit die Darstellung von Planungsprozessen auf dieser Basis hat den Vorteil, dass man tatsächlich generell über Planung sprechen kann und eben nicht über Landschaftsplanung, Raumplanung, Wirtschaftsplanung, Unternehmensplanung usw. gesondert reden muss. Sie bedeutet jedoch zugleich auch eine wesentliche Verkürzung, da die Inhalte der einzelnen realen Planung, die sich auch in den konkreten Formen unter denen reale Planungen ablaufen, niederschlagen, unberücksichtigt bleiben. Das hat die Folge, dass wichtige Strukturelemente der einzelnen Planungstypen in der abstrakten allgemeinen Darstellung von Planungsprozessen unberücksichtigt bleiben.

Hier liegt der Grund dafür, dass abstrakte Planungstheorien häufig sehr blutleer wirken und fast nur noch Trivialitäten ausdrücken. Die Abstraktion einer allgemeinen Struktur aus den beobachteten und beschriebenen Planungsprozessen ist in einer weiteren Weise problematisch. Es gibt kein eindeutiges Verfahren, nach dem der Abstraktionsvorgang ablaufen muss. Da unterschiedliches an konkreten Planungsprozessen für wesentlich gehalten werden kann, kann auf verschiedenen Wegen abstrahiert werden, was dazu führt, dass die Ergebnisse der Abstraktionsvorgänge (d. h. die abstrakten Strukturdarstellungen von Planungsprozessen) unterschiedlich aussehen.

Soll das Ergebnis eines Abstraktionsvorganges schlüssig sein, d. h. soll es dem Betrachter möglich sein, den Zusammenhang zwischen der Grundlage der Abstraktion (hier: ein allgemeines Strukturmodell von Planung) herzustellen und zu erkennen, so muss der Abstraktionsvorgang für ihn überschaubar und transparent sein. Im folgenden Abschnitt soll der Modellbegriff dazu dienen, unterschiedliche Abstraktionsvorgänge vergleichbar zu machen und unterschiedliche abstrakte Strukturmodelle von Planungsprozessen zu systematisieren.

Die abstrakte Darstellung von Planungsprozessen kann auf zwei Ebenen erfolgen. Man kann versuchen, sie aus Planungsdefinitionen zu erschliessen oder man kann allgemeingültige Strukturmodelle von Planungsprozessen aus der Realität abstrahieren (entwerfen). Die Ergebnisse beider Vorgehensweisen sollen hier im folgenden dargestellt werden.

3.2   Planungsdefinitionen

In der vielfältigen Planungsliteratur, die heute kaum noch zu überschauen ist, findet man viele unterschiedliche Definitionsversuche für die Begriffe Planen und Planung. Sie stammen aus unterschiedlichen Anwendungsbereichen und bemühen sich unter verschiedenen Gesichtspunkten, das Wesentliche von Planung herauszuarbeiten. Gemeinsam ist ihnen allen, dass sie das Wesentliche (d. h. die allgemeinen zentralen Eigenschaften von Planung) begrifflich erfassen wollen. Die Zusammenstellung solcher Planungsdefinitionen verdeutlicht empirisch überzeugend, wie gross die Differenzen zwischen einzelnen Definitionsversuchen für den Planungsbegriff sind. (Vgl. Anhang 1)

Die Uneinigkeit über die „richtige" Planungsdefinition ist kein Zufall. Sie ist der Tatsache geschuldet, dass wir den Begriff Planung auf sehr viele in ihrer Komplexität, in ihren Inhalten und in ihrer Struktur unterschiedliche Handlungsprozesse des wirklichen Lebens anwenden. Planungsprozesse können sich in ihrem Gegenstand, in ihrer Komplexität, in ihren Methoden durch die Art und Zusammensetzung von Beteiligten und Betroffenen usw. sehr stark unterscheiden. Es ist daher einleuchtend, dass sie sich nicht alle unter eine einfache Definition der Form „Planung ist . . ." subsumieren lassen.

Lenk hat in einer wissenschaftstheoretischen Untersuchung nachgewiesen, dass die Hoffnung einen eindeutigen, umfassenden, allen gerecht werdenden Planungsbegriff zu finden, unerfüllbar ist. „Die Suche nach einem umfassenden, ahistorischen, problemunabhängigen Planungsbegriff muss scheitern" (*Lenk,* 1972, S. 81), denn

- die Planungsphänomene der Realität sind zu unterschiedlich, als dass sie sich durch ein eindeutiges Wesenskennzeichen präzise erfassen liessen
- eine bestimmte Wesensaussage von Planung als allgemeingültig hinzustellen hiesse, alle historischen, sozioökonomischen und ideellen Momente, die jede Planung wesensmässig aufweist, vollständig auszublenden
- Definitionsversuche des Planungsbegriffes enthalten zumeist Ausdrücke, die noch wesentlich vager und mehrdeutiger sind als der Planungsbegriff selbst. Zu ihnen zählen Begriffe wie Vernunft, Rationalität, Zukunft, Entscheidung und ähnliches.

Obwohl begriffliche Fixierungen des Sprachgebrauches für das Wort „Planung" sicherlich die Kommunikation erleichtern, muss man fragen, ob es tatsächlich so wichtig ist, einen einheitlichen Planungsbegriff zu besitzen, wie es die Planungsliteratur zum Teil suggeriert. Hinter der Bedeutung, die diesem Definitionsversuch

Tabelle 7: Aspekte von Planungsdefinitionen

Betonter Aspekt von Planung	Zugehörige Planungs-definition
Zukunftsgestaltung	Böhret
	Meyer
	Salin
	Stachowiak
Entscheidung bzw. Entscheidungsvorbereitung	Bahrdet
	Bendixen, Kemmler
	Grochla
	Luhmann
	Mellerowicz
	Schneider
Vorbereitung bzw. Vollzug von Aktionen, Organisationsstruktur von Handlungen	Jensen
	Lenk
	Mannheim
	Scharpf
	Stachowiak
Steuerung bzw. Beherrschung sozialer Verhältnisse	Myrdal
	Ridder
	Scharpf
	Schatz
Rationale Handlung	Brösse
	Denzer
	Rieger
	Zangemeister
Wissenschaftstheoretische Charakteristik	Autorenkollektiv Wissenschaftspsychologie
	Braun
	Lenk

zugemessen wird, steht häufig die unausgesprochene aber wissenschaftstheoretisch nicht haltbare Erwartung aus begrifflichen Einteilungen und Definitionen liessen sich Wesensmerkmale ableiten. Wer sich dieser Hoffnung hingibt, sitzt jedoch einem Trugschluss auf, denn aus einem einheitlichen Planungsbegriff liesse sich trotzdem keine Planungstheorie, schon gar nicht eine empirische Planungstheorie (deduktiv) ableiten. (Vgl. *Lenk,* 1972, S. 82)

Trotz dieser Vorbehalte hat die Beschäftigung mit Planungsdefinitionen einen – wenn auch begrenzten – Sinn. Sie erleichtert die Kommunikation über Planung und durch den Vergleich verschiedener Planungsdefinitionen lassen sich die als wichtig erachteten Eigenschaften von Planung erkennen. Planungsdefinitionen lassen sich nach dem Wesensmerkmal von Planung, das sie besonders betonen, systematisieren. Auf diese Weise lässt sich durch „Klumpenbildung" eine Reihe von allgemeinen aber wichtigen Charakteristika von Planung empirisch herausarbeiten. Tabelle 7 gibt hierzu einen Überblick auf der Basis der im Anhang 1 zusammengestellten Planungsdefinitionen. Als wichtigste Bezugspunkte erscheinen dabei Planung als Entscheidung bzw. als Entscheidungsvorbereitung, Planung als Zukunftsgestaltung, Planung als Vorbereitung bzw. Vollzug von Aktionen, Planung als Organisationsstruktur von Handlungen, Planung als Beherrschung sozialer Strukturen und Planung als rationale Handlung. Die Analyse von Planungsdefinitionen ergibt allerdings noch keine Antwort auf die Fragen, ob damit alle relevanten Bezugspunkte für Planung erfasst sind und in welchem Verhältnis sie untereinander stehen.

3.3   Strukturmodelle von Planungsprozessen

3.31   Vorbemerkung

Die Analyse von Planungsdefinitionen bietet wenig Hilfen, um ein zutreffendes und allgemeines Verständnis von Planung zu erlangen. Strukturdarstellungen von Planungsprozessen versuchen daher einen Schritt weiter zu gehen. Auch sie wollen das Allgemeine und das Wesentliche von Planung erfassen. Als allgemeine (abstrakte) Darstellung müssen sie das spezifische und die speziellen Inhalte konkreter Planungsprozesse vernachlässigen.
Im weiteren wird der Modellbegriff als gedankliches Mittel zur Systematisierung solcher Strukturdarstellungen von Planungsprozessen verwendet. Er wird im folgenden Abschnitt eingeführt.
Die Planungsliteratur kennt eine grosse Menge formaler Strukturdarstellungen von Planungsprozessen. Aus ihr werden hier nur einige Beispiele ausgewählt, die zudem Modellierungen von Planungsprozessen aus der Perspektive des handelnden Planers sind,

d. h. sie erfassen vornehmlich seine Handlungen und seine Einbindung in das Planungsgeschehen.

3.32 Der Modellbegriff

Der Modellbegriff hat im wissenschaftlichen Sprachgebrauch zunehmend an Bedeutung gewonnen. Er wird häufig und in sehr unterschiedlichen Zusammenhängen verwendet. (*Stachowiak,* 1965, S. 432; *Bechmann,* 1976, S. 43 ff.)
Ein präziser Umgang mit dem Modellbegriff ist daher nur möglich, wenn eindeutig angegeben wird, was in einem bestimmten Arbeitszusammenhang unter einem Modell verstanden werden soll. Im folgenden werden hier Nachbildungen der Welt, die als Erkenntnismittel im Sinne der Natur- oder auch der empirischen Sozialwissenschaften verwendet werden, als Modelle bezeichnet. Unter einem Modell versteht man dann ein Objekt, „das auf der Grundlage einer Struktur-, Funktions- oder Verhaltensanalogie zu einem entsprechenden Original von einem Subjekt eingesetzt und genutzt wird, um eine bestimmte Aufgabe zu lösen, deren Durchführung mittels direkter Operationen am Original zunächst oder überhaupt nicht möglich bzw. unter gegebenen Bedingungen zu aufwendig ist . . . Jedes Modell dient zur analogen Erfassung entweder der Struktur, der Funktion oder des Verhaltens des Originals." (*Klaus, Buhr,* 1972, S. 729 f.) Modelle in diesem Sinne sind abstrahierende Abbilder der Wirklichkeit.
Modelle können aus unterschiedlichem Material gefertigt sein. Es gibt graphische Modelle, technische Modelle, biologische Modelle usw. (Vgl. *Stachowiak,* 1973) Die Modelle, mit denen wir hier im weiteren umgehen, sind Begriffsmodelle. Sie sollen Planungsprozesse in Begriffe fassen.
Modelle unterscheiden sich von der Wirklichkeit auch da, wo sie diese abbilden. Nach *Stachowiak,* der eine ausführliche Modelltheorie vorgelegt hat, sollte man zumindest vier Dimensionen eines Modelles unterscheiden (vgl. *Stachowiak,* 1973, S. 131 ff.):
— Das Abbildungsmerkmal (Modelle sind Modelle von etwas. Sie sind Bilder eines Originals)
— Das Verkürzungsmerkmal (Modelle geben im allgemeinen nicht sämtliche Eigenschaften des Originals wieder)

- Das Abundanzmerkmal (Modelle besitzen Eigenschaften, die das Original nicht aufweist und die in diesem auch keine Entsprechung haben)
- Das pragmatische Merkmal (Modelle sind einem Original nicht per se, sondern durch ein Subjekt zugeordnet. Sie ersetzen diesem Subjekt zu einer bestimmten Zeit und im Hinblick auf gedankliche oder tatsächliche Operationen das Original (vgl. hierzu die obige Modelldefinition)

Modellierungsvorgänge sind an ein erkennendes Subjekt gebunden. Sie sind damit durch die Bedingungen geprägt, unter denen dieses Subjekt geistig (ideell) arbeitet. Modellbildung setzt stets Vorwissen, sei es nun in der Form von Alltagswissen oder wissenschaftlichen Theorien voraus. Modelle sind durch den Erkenntnisvorgang gebrochene Abbilder der Wirklichkeit. Der Aussagegehalt von Modellen und ihre Leistungsfähigkeit kann daher nicht allein durch die Gegenüberstellung von Modell und Wirklichkeit gemessen werden. Kritische Auseinandersetzung mit Modellen müssen stets den Modellierungsprozess miteinbeziehen. Modelle werden innerhalb von Erkenntnisprozessen für unterschiedliche Funktionen (Aufgaben) eingesetzt. (Vgl. *Bechmann,* 1976, S. 222) Sie können
- Phänomene erklären
- Zusammenhänge demonstrieren
- Gedankenexperimente ausdrücken
- für Prognosen dienen.

Im Rahmen allgemeiner Planungstheorien werden sie häufig zur Darstellung von Strukturzusammenhängen verwendet. Die folgenden Abschnitte geben die wichtigsten Typen solcher Modelle von Planungsprozessen wieder.

3.33 Lineare Ablaufschemata

Lineare Ablaufschemata sollen die wichtigsten Arbeitsschritte eines Planungsprozesses in der Reihenfolge wiedergeben, in der sie durchlaufen werden. Sie vermitteln eine Groborientierung über den Ablauf der Planertätigkeit. Sie bilden die verschiedenen Stadien einer Planung ab, die von der Problemorientierung in der Information über den beplanten Bereich und die Ziele der Planung gesammelt werden, zu dem Stadium, in dem die durch Planung angestrebte Zukunftssituation antizipiert wird (Formulie-

Abbildung 5: Phasenschema des Planungsprozesses (in Anlehnung an: Kunst, Lüpke, Zander; 1970)

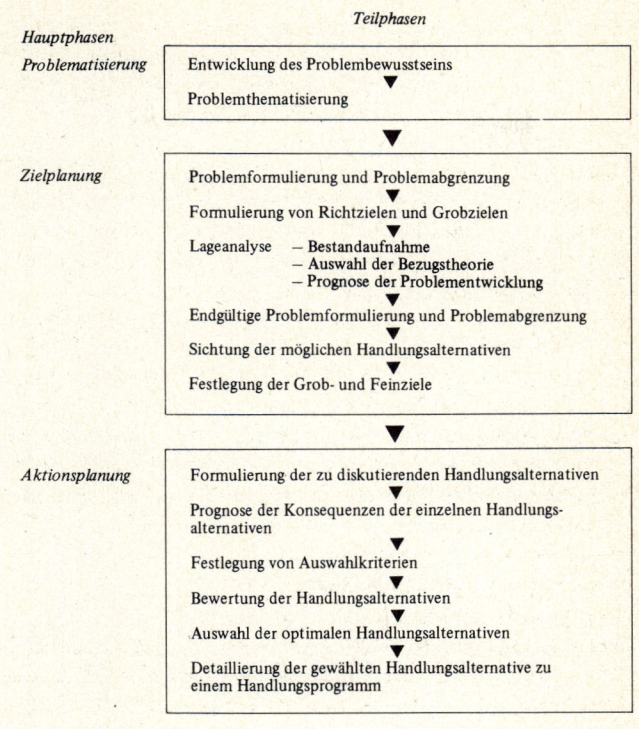

Hauptphasen / *Teilphasen*

Problematisierung
- Entwicklung des Problembewusstseins
- Problemthematisierung

Zielplanung
- Problemformulierung und Problemabgrenzung
- Formulierung von Richtzielen und Grobzielen
- Lageanalyse — Bestandaufnahme
  — Auswahl der Bezugstheorie
  — Prognose der Problementwicklung
- Endgültige Problemformulierung und Problemabgrenzung
- Sichtung der möglichen Handlungsalternativen
- Festlegung der Grob- und Feinziele

Aktionsplanung
- Formulierung der zu diskutierenden Handlungsalternativen
- Prognose der Konsequenzen der einzelnen Handlungsalternativen
- Festlegung von Auswahlkriterien
- Bewertung der Handlungsalternativen
- Auswahl der optimalen Handlungsalternativen
- Detaillierung der gewählten Handlungsalternative zu einem Handlungsprogramm

rung des Zielsystems) und schliesslich zur Entwicklung und Auswahl von Handlungsmöglichkeiten für die Erreichung eben dieser Zielvorstellungen führen. In der Planungsliteratur findet man eine Reihe voneinander abweichender Ablaufschemata, die die Grundstruktur von Planungsprozessen darstellen sollen. Diese Ablaufschemata variieren im Aufbau, sind unterschiedlich differenziert (d. h. sie besitzen unterschiedliche Feinunterteilungen) und sie gewichten die Bedeutung der einzelnen Planungsphasen uneinheitlich. Abbildung 6 zeigt eines der am klarsten durchdachten Schemata dieser Gruppe. Es stammt von *Heidemann* und *Ries* (1979). Sie gehen von der Einsicht aus, dass Planungsprozesse Problemlösungsprozesse sind. Sie hoffen, auf diesem Wege Krite-

Abbildung 6: Planungsablauf nach Heidemann; Ries (1979, S. 38)

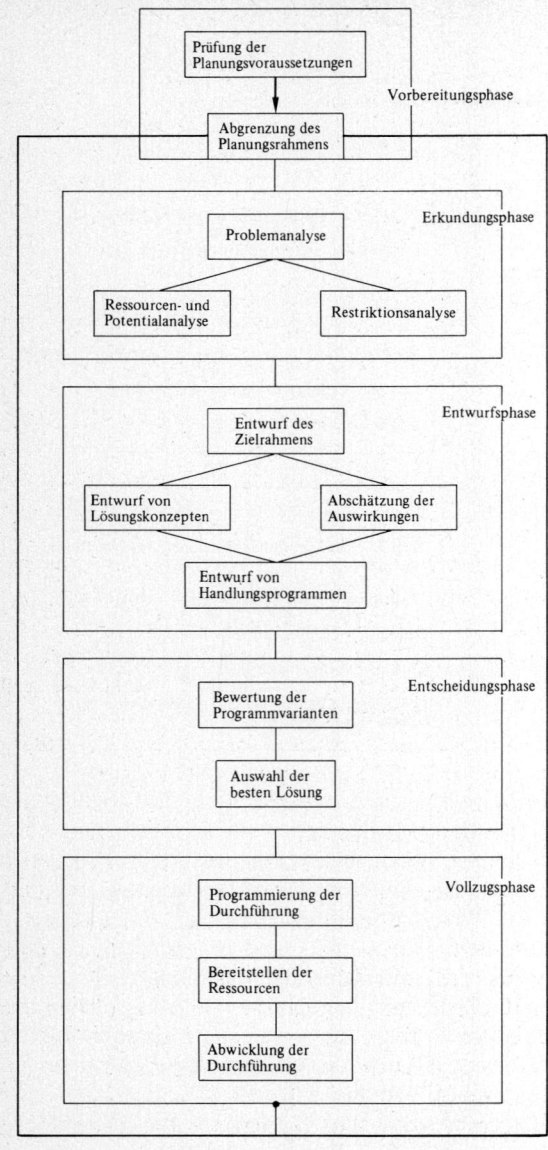

rien zu finden, die es ihnen erlauben, das Wichtige vom Unwichtigen zu trennen und den jeweiligen Planungsprozess sinnvoll zu strukturieren.

Sie sehen in dieser Vorgehensweise zwei Vorteile:

- „abweichend von der isolierenden Vorgehensweise, wie sie für den wissenschaftlichen Forschungsprozess typisch ist, geht es bei der Aufdeckung und Beschreibung von Problemen darum, bestimmte Sachverhalte in ihrem Kontext von Verursachung und Auswirkung zu erfassen. Auf eine heuristische Regel gebracht, lässt sich das Arbeitsprinzip in Kürze etwa folgendermassen fassen:

  Ein Sachverhalt ist dann als Problem anzusprechen, wenn er für bestimmbare Bevölkerungskreise im Hinblick auf deren Erwartungen, Absichten und Interessen Abweichungen aufweist, die als Folgen bestimmter Ursachen einerseits und als Ursachen weiterer Konsequenzen andererseits aufzufassen sind. Dieses Problemkonzept erlaubt es, von vornherein der Fiktion einer wertfreien Planung entgegenzuwirken." (*Heidemann / Ries,* 1979, S. 35)

- Der gesamte Problemlösungsprozess, d. h. nicht nur die Planerstellung, sondern auch ihre Durchführung wird angesprochen. Das beinhaltet, dass auch sehr genau über Probleme, die bei der Planungsrealisation auftreten, nachgedacht werden muss. (So muss schon in frühen Planungsphasen die Planträgerinstitution und ihr Handlungsspielraum detailliert erfasst und gedanklich in die Planung eingearbeitet werden.)

Lineare Ablaufschemata geben die einzelnen Schritte von Planungsprozessen in einer logischen Reihenfolge wieder. Sie können dem Planer damit als Arbeitsorientierung dienen. Dennoch ist ihr Aussagegehalt sehr begrenzt.

- Da sie zumeist Planungsabläufe generell erfassen wollen, ist die ihnen zugrundegelegte Phaseneinteilung recht grob. (Das Ablaufschema eines konkreten Planungsprozesses kann nicht allein formal, sondern nur unter gleichzeitigen Bezug auf den konkreten Planungsinhalt formuliert werden.)

- Sie überbetonen die Schematisierbarkeit von Planungsprozessen. (Da jeder Planungsprozess auch etwas Neues darstellt, kann er im allgemeinen nicht von vornherein in ein festes Ablaufschema gepresst werden.)

- Sie erfassen Planungsvorgänge nur ausschnitthaft, da sie lediglich den Handlungsprozess des Planers abbilden, aber weder der Planer selbst noch der beplante Bereich oder die Planungsorganisation explizit in ihnen thematisiert werden.

– Sie zerlegen den gesamten Planungsprozess in – scheinbar abgeschlossene – Teilhandlungen, die nach dem Zweckmittelgesichtspunkt hintereinander geschaltet werden. Solch eine Modellierung von Planungsprozessen übersieht jedoch, dass Planungsprozesse insgesamt zusammenhängende Prozesse sind und dass jede Zerlegung in Teilschritte stets nur relativen Charakter hat. In der Realität werden häufig mehrere – im Planungsschema hintereinander geschaltete – Teilhandlungen parallel durchgeführt und es finden Rückkoppelungen (vgl. Abschnitt 3.34) statt.

3.34 Zyklische Ablaufschemata

Zyklische Ablaufschemata begreifen den Planungsprozess als rückgekoppeltes System von einzelnen Handlungsschritten. (Vgl. Exkurs 1) Im Gegensatz zu linearen Ablaufschemata wird in ihnen Wert darauf gelegt, den Zusammenhang zwischen den einzelnen Planungsschritten zu demonstrieren. In rückgekoppelten Ablaufschemata ist explizit festgehalten, dass die Erkenntnisse, die der Akteur des Planungsprozesses gewinnt, durchaus auf den Planungsprozess selbst zurückwirken können. Dies ist der Fall, wenn aufgrund neuer Informationen und Einsichten in Planungsphasen zurückgegangen wird, die bereits als abgeschlossen galten. Die Darstellung des Planungsprozesses nach *Zangemeister* (*Zangemeister,* 1971) hebt solche Rückkoppelungsbeziehungen deutlich hervor. (Vgl. Abb. 7) *Hujer* hat neben *Bendixen/Kemmler* eines der differenziertesten Ablaufschemata vorgelegt. (Vgl. Abb. 8) Er trennt zwischen Aktivitäten und Ergebnissen von Aktivitäten, und er unterscheidet vier verschiedene Typen von Teilhandlungen im Planungsprozess, und zwar Handlungen, die sich auf

– Informationsbeschaffung und -verarbeitung
– Zielfindung und -formulierung
– Aktionsfindung und -auswahl
– Organisation des Planungsprozesses

richten.

Abbildung 7: Systemanalyse im Planungsprozess (Zangemeister, 1971)

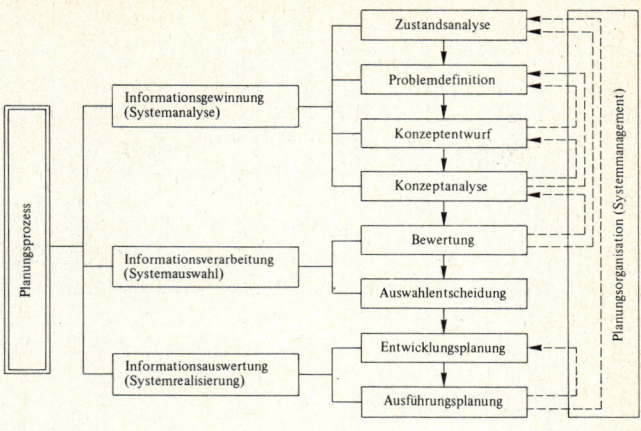

Hujer gelingt es auf diese Weise, die Komplexität von Planungsprozessen mit relativ einfachen Mitteln deutlich zu machen. (Vgl. Abb. 9)

Rückgekoppelte Ablaufschemata begreifen Planungsprozesse wirklichkeitsangemessener als lineare Ablaufschemata dies vermögen, da sie durch die in ihnen angelegte Rückkoppelungsstruktur Lernprozesse innerhalb von Planungen erfassen können. Gute Planungen zeichnen sich ja gerade dadurch aus, dass alle jeweils vorhandenen und neu hinzugewonnenen Informationen immer wieder zu einer Revision bisheriger Zielvorstellungen und Planungsergebnisse verwendet werden.

Abgesehen von dieser Stärke, die rückgekoppelte Ablaufschemata gegenüber linearen aufweisen, treffen auf sie alle Einwände zu, die im vorangegangenen Abschnitt gegenüber linearen Schemata erhoben wurden. Hinzu kommt, dass in rückgekoppelten Ablaufschemata — welche allgemein, abstrakte Modelle jedwedes Planungsprozesses sein sollen — feedback-Beziehungen notwendigerweise sehr pauschal, schematisch und unspezifisch dargestellt werden müssen. Dies führt dazu, dass rückgekoppelte Ablaufschemata häufig mehr Rückkoppelungsbeziehungen beinhalten als im praktischen Planungsgeschehen realisiert werden können. Dies kann man sich z. B. an Abbildung 7 sehr leicht deutlich machen.

Abbildung 8: Planungsalgorithmus (nach Hujer, 1971)

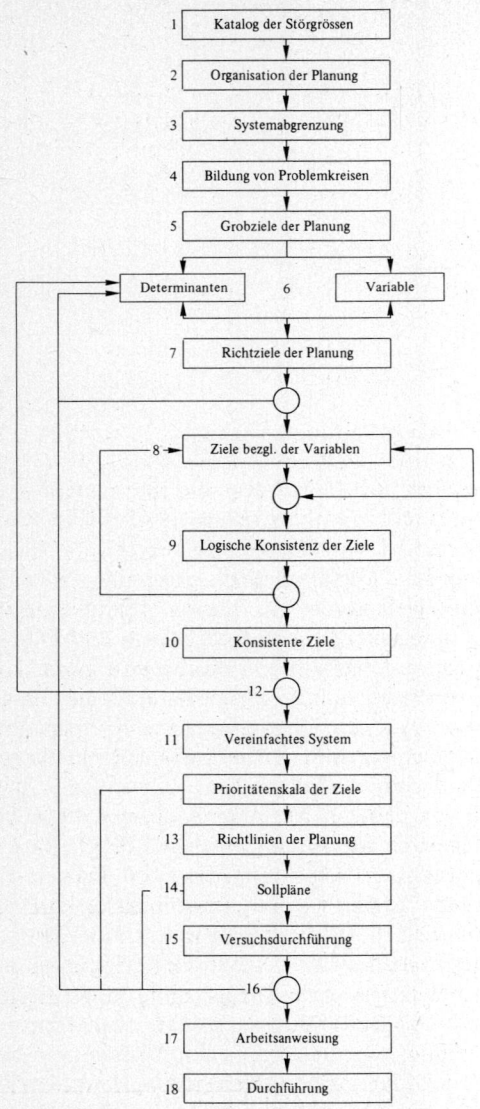

Abbildung 9: Dimensionen von Planung (nach Hujer, 1971)

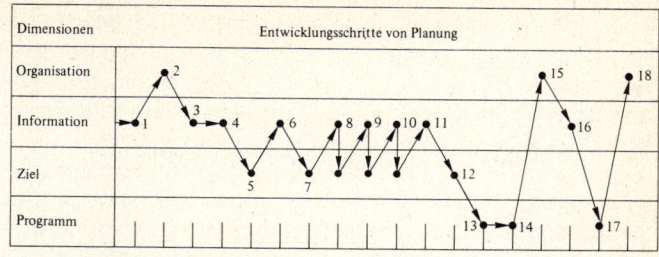

Pfeile = Aktivitäten
Kreise = Ergebnisse

3.35 Handlungssysteme

Planung als Handlungsprozess kann auch mit Hilfe systemtheoretischer Konzepte modelliert werden. Hier sollen zwei Beispiele für dieses Vorgehen aufgeführt werden. Sie stammen von *Rieger* (*Rieger*, 1967) und *Ropohl* (*Ropohl*, 1975).

Rieger unterscheidet zwischen dem Planer (als dem Handlungssystem) und dem Planungsobjekt (als der Systemumgebung des Planers). (Der Systembegriff wird in Anhang II erläutert.) Die Verbindung zwischen dem System (hier: der Planer) und der Systemumgebung (hier: der beplante Bereich) wird durch Informations- und Handlungsbeziehungen hergestellt. In *Riegers* Planungsmodell wird betont, dass der Planer seine Umgebung, also insbesondere den zu beplanenden Bereich zunächst erst einmal wahrnehmen muss, bevor er planen kann. Er formt aus diesen Wahrnehmungen ein Bild, d. h. eine gedankliche Vorstellung seines Planungsobjektes. Vor dem Hintergrund dieser Vorstellung über das Planungsobjekt entwickelt er Handlungsentwürfe. Diese Handlungsentwürfe werden miteinander verglichen und es wird entschieden, welcher von ihnen zur Ausführung gelangen soll. In der Phase der Planrealisation wird dieser dann in Handlung übersetzt. Die *Rieger*sche Darstellung von Planungsvorgängen ist in Abbildung 10 wiedergegeben. *Rieger* hebt durch sein Planungsmodell zwei Aspekte von Planung hervor:

- ein Planer kann seine Handlungsentwürfe nie unmittelbar aus dem Planungsobjekt entwickeln, sondern muss sich ein gedank-

65

liches Abbild seines Planungsbereiches schaffen. Stimmen dieses Abbild, d. h. seine Vorstellung über dieses Planungsobjekt und das reale Planungsobjekt nicht überein, so werden auch seine Handlungsentwürfe nicht zu den gewünschten Ergebnissen führen. *Rieger* hebt damit die Informationsbeschaffung und -verarbeitung als eines des Zentralprobleme jeder Planung hervor.

– *Rieger* arbeitet weiter heraus, dass ein Planungssubjekt drei verschiedene Funktionen erfüllen muss bzw. dass in einem Planungsprozess drei verschiedene Rollen integriert sind: der Planentwerfer, der Planträger und der Planausführer. (Vgl. Abschnitt 3.36)

Abbildung 10: Planung als Handlung (nach Rieger, 1967)

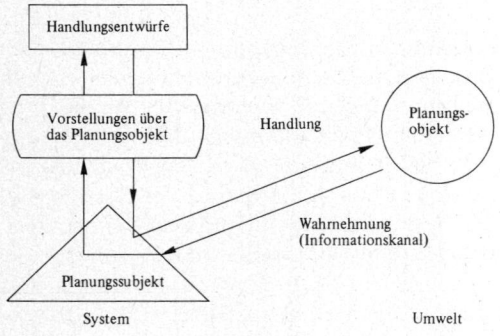

Indem *Rieger* das Verhältnis von Planungssubjekt und Planungsobjekt sowie die Relevanz von Informationen über den Planungsbereich für die Entwicklung von Planungsalternativen hervorhebt, vernachlässigt er – im Gegensatz zu den Ablaufschemata – die Betrachtung von Teilschritten eines Planungsprozesses.

Darüber hinaus ist sein Planungsmodell so allgemein und abstrakt, dass es zwar im Prinzip auf jede Planung anwendbar ist, aber dadurch wenig konkrete Hinweise für konkrete, d. h. spezielle Planungen enthält. (Letzteres ist allerdings auch nicht Ziel seiner Untersuchung.)

Für *Ropohl* (*Ropohl*, 1975) stellt sich der Planungsprozess dar als die Koppelung von drei in ihren Strukturen und Funktionen unterschiedlichen Systemen. (Vgl. Abb. 11) Diese drei Teilsysteme des Planungsprozesses sind:

– das Sachsystem (Sachsysteme sind nach *Ropohl* konkrete Systeme stofflicher Natur.) Aus der Perspektive der systemtechnischen Interpretation des Planungsprozesses ist das Planungsobjekt, d. h. der durch Planung zu verändernde Bereich ein Sachsystem. Sachsysteme können in den Kategorien Raum, Zeit, Materie, Energie und Information beschrieben werden.

– Das Handlungssystem (Handlungssysteme sind nach *Ropohl* Subjekte von Handlungsprozessen.) Sie bringen Sachsysteme hervor oder verändern diese. Handlungssysteme sind ebenfalls konkrete Systeme. Sie bestehen aus Menschen oder sie beinhalten zumindest Menschen als Teilsysteme. In diesem Sinne sind Planungsobjekte Handlungssysteme. *Ropohl* unterscheidet zwei wesentliche Strukturen von Handlungssystemen:

– die Ablaufstruktur (Sie gibt eine Überlegung der Systemhandlung in Teilhandlungen wieder.) Ablaufschemata sind Beispiele solcher Ablaufstrukturen für Planungsprozesse.

– Die Aufbaustruktur (Aufbaustrukturen sind Organisationsstrukturen, die angeben wie ein Handlungssystem aus personellen und technischen Subsystemen zusammengesetzt ist.)

Abbildung 11: Systemtechnische Darstellung von Handlungsprozessen

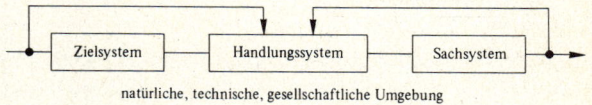

natürliche, technische, gesellschaftliche Umgebung

– Das Zielsystem (Zielsysteme sind geordnete Mengen von Zielen.) Sie liefern Handlungsorientierungen und damit insbesondere die notwendigen Massstäbe für die in Planungsprozessen zu treffenden Bewertungen und Entscheidungen. Zielsysteme steuern Handlungssysteme. Ziele sind gedankliche Vorstellungen zukünftiger Situationen, also Bewusstseinsinhalte. Folglich sind Zielsysteme ideelle und abstrakte Systeme. Ziele lassen sich hierarchisch in Ober- und Unterziele gliedern. In Planungsprozessen stellen Ziele – zumindest aus der Sicht der

Systemtechnik — die Maximen und Leitlinien dar, an denen sich ein Handlungssystem orientiert. Ihnen kommt somit eine Steuerungsfunktion zu.

Aus systemtechnischer Sicht ist ein Planungsprozess somit ein System, welches aus drei Subsystemen (Sachsystemen, Handlungssystemen und Zielsystemen) zusammengesetzt ist. Durch den systemtechnischen Modellierungsansatz gelingt es, Planungsprozesse als systematischen Handlungszusammenhang in einer einheitlichen Sprache — der Systemsprache — darzustellen. Planung erscheint als technisch zu begreifendes System. Die Grenzen dieser Betrachtungsweise werden in dem Masse offensichtlich, in dem das geplante System soziale Beziehungen beinhaltet oder gar ein soziales System ist.

Aufgrund seiner systematischen und in sich konsistenten Erfassung des Planungsprozesses ist das hier bloss knapp skizzierte systemtechnische Modell von Planung durchaus ausbaufähig. (Vgl. *Laage* u. a., 1976) Trotzdem hat auch dieses Modell partiellen Charakter. Es erfasst Handlungsbezüge nur sehr schematisch und abstrakt und es ist nicht in der Lage, die Komplexität der Beweggründe sozialer Handlungen oder auch die Komplexität sozialer Kommunikationsstrukturen, die in Planungsprozessen eine wesentliche Rolle spielen, wirklichkeitsangemessen zu erfassen.

3.36 Rollensysteme

Planungsprozesse sind komplexe Handlungssituationen. Sie setzen sich aus vielen unterschiedlichen Teilhandlungen zusammen. Diese Teilhandlungen haben unterschiedliches Gewicht und unterschiedliche Aufgaben für den Planungsprozess. (Vgl. Abschnitt 3.33 und 3.34) Entsprechend diesen Teilhandlungen und der Notwendigkeit ihrer sinnvollen Koordination müssen innerhalb eines Planungsprozesses unterschiedliche Aufgaben bzw. Funktionen erfüllt werden. Es muss also Handlungsträger geben, die unterschiedliche Rollen wahrnehmen. Dies klang bereits bei der Schilderung des Riegermodells (vgl. Abschnitt 3.35) an. *Rieger,* der den gesamten Personenkreis, der innerhalb einer Planung aktiv handelt, als Planungssubjekt bezeichnet, unterscheidet drei Rollen, die das Planungssubjekt zu spielen hat (*Rieger,* 1967, S. 30 ff.):

68

- Entwerfen (Der Planentwerfer ist Planer im engeren Sinne. Er erarbeitet den Plan. Aufgrund technologischen und planungsmethodischen Wissens entwirft er konstruktive Lösungen des Planungsproblems. Seine Arbeit enthält stets kreative Bestandteile. (Vgl. Abschnitt 2.1)

  Der Planentwerfer plant allerdings in unserer Gesellschaft im allgemeinen nicht selbstverantwortlich. Ihm wird über die Auftragsvergabe oder über administrative Unterordnung das Planungsproblem von aussen — durch den Planträger — gestellt. Der Planentwerfer unterliegt zudem der Kontrolle des Planträgers.)

- Verantworten (Der Planträger besitzt die Verfügungs- und Entscheidungsgewalt. Er beauftragt den Planentwerfer und den Planausführer. Er stellt damit die oberste Hierarchieebene im Planungsgeschehen dar. Dem Planträger kommt neben der Formulierung der Planungsproblematik und der Entscheidungskompetenz über die auszuführenden Planungsalternativen auch die Kontrolle der Planung und der Planausführung zu.)

- Ausführen (Der Planausführer ist diejenige Person oder Organisation, die die vom Planungsträger ausgewählte Alternative unter dessen Kontrolle realisiert.)

Rieger baut auf der Unterscheidung dieser drei Rollen eine Typisierung von Planungssubjekten auf. Er geht davon aus, dass jede Rolle von einem oder mehreren Subjekten besetzt werden kann und dass jedes Subjekt eine oder mehrere Rollen bekleiden kann. Führt man mit *Rieger* diese Typisierung systematisch durch, so gelangt man zu einem Klassifikationsschema für Planungen. Es ist in Tabelle 8 wiedergegeben. Auch *Ropohl* integriert das Rollenkonzept in seine Darstellung von Planung. Entsprechend seiner Form der Modellierung, die auf die Systemtheorie zurückgreift, werden hier die am Planungsprozess beteiligten Rollenträger als Subsysteme dargestellt.

Tabelle 8: Systematik von Planungsprozessen hinsichtlich von Rollenträgern (nach Rieger, 1967)

Fall Nr.	Zahlenmässige Zusammensetzung			Identitäts-beziehung	Bezeichnung
	E	T	A		
1	s	s	s	$E = T = A$	Eigenentwurf von Eigenhand-
2	p	p	p		lungen, subjektive
					Handlungsrationalisierung
3	s	s	s	$E = T,$	Eigenentwurf von Handlungen
4	s	s	p	$E \neq A \neq T$	anderer
5	p	p	s		
6	p	p	p		
7	s	s	s	$E = A,$	Entwurf von Handlungen anderer
8	s	p	s	$E \neq T \neq A$	durch diese anderen
9	p	s	p		
10	p	p	p		
11	s	s	s	$T = A,$	Fremdentwurf von
12	s	p	p	$T \neq E \neq A$	Eigenhandlungen
13	p	s	s		
14	p	p	p		
15	s	s	s	$E \neq A,$	Fremdentwurf von Handlungen
16	s	s	p	$E \neq T \neq A$	anderer
17	s	p	s		
18	s	p	p		
19	p	s	s		
20	p	s	p		
21	p	p	s		
22	p	p	p		

E = Planentwerfer
T = Planträger
A = Planausführer

In seiner Darstellung gibt die Organisationsstruktur (Aufbaustruktur) eines Handlungssystemes wieder, welche Subsysteme (Rollenträger) am Planungsgeschehen beteiligt sind und in welchen Beziehungen sie zueinander stehen. In Abbildung 12 ist die Organisationsstruktur eines Planungssystems dargestellt. Es lassen sich folgende Subsysteme (Rollenträger) unterscheiden:

Abbildung 12: Rollenverteilung in Planungsprozessen (nach Ropohl, 1975)

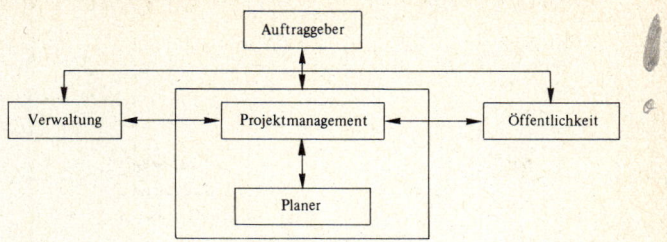

✗— **Auftraggeber**, sie geben die Zielvorstellung in Form der Planungsaufgabe als Auftrag vor.

✗— **Planungsgruppe**, sie lässt sich in zwei Untergruppen mit unterschiedlicher Funktion unterteilen, in

  ✗— das **Projektmanagement**, es führt die verbindlichen Verhandlungen mit dem Auftraggeber, mit der interessierten Verwaltung und der Öffentlichkeit und es entscheidet über die Verwendung der zur Verfügung stehenden Mittel.

  ✗— die **Planungsgruppe im engeren Sinn**, ihre Aufgabe ist es, den gewünschten Plan zu erarbeiten.

✗— **Verwaltung**, sie vertritt spezielle Fachinteressen an der Planung.

✗— **Öffentlichkeit**, soweit sie von der Planung betroffen ist, artikuliert sie eventuell ihre Wünsche, Bedürfnisse oder Sorgen.

Laage (*Laage*, 1973, S. 70 ff.) geht sehr ausführlich auf die verschiedenen Rollen der am Planungsprozess Beteiligten ein. Er unterscheidet fünf Rollenträger:

— Bürger, Gesellschaft
— Politiker
— Verwaltung
— Träger öffentlicher Belange
— Planer

Er versucht, die sich aus den unterschiedlichen Rollen ergebenden Aufgaben auf den Ablauf des Planungsprozesses zu beziehen. (Vgl. Abb. 13) Prinzipiell gleichen sich die von *Laage* gegebenen Rollenbeschreibungen mit denen, die bereits im Zusammenhang mit *Ropohls* Planungsmodell genannt wurden. *Laage* gibt jedoch eine wesentlich ausführlichere und detailliertere Rollenbeschreibung als dies oben geschehen ist. Die Modellierung von Pla-

71

Abbildung 13: Planung als Interaktion von Rollenträgern (nach Laage, u. a.; 1972)

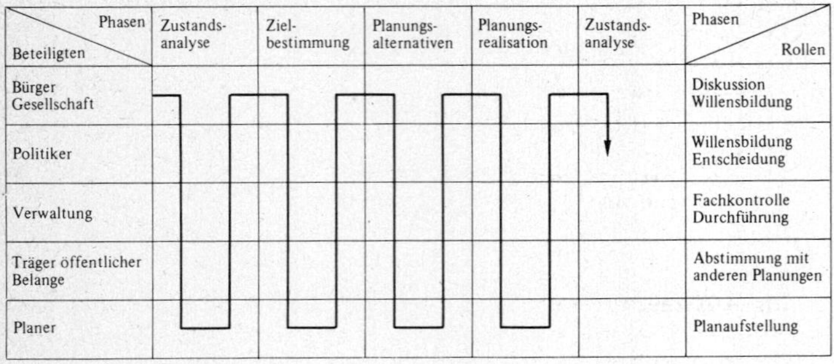

Phasen / Beteiligten	Zustands-analyse	Ziel-bestimmung	Planungs-alternativen	Planungs-realisation	Zustands-analyse	Phasen / Rollen
Bürger Gesellschaft						Diskussion Willensbildung
Politiker						Willensbildung Entscheidung
Verwaltung						Fachkontrolle Durchführung
Träger öffentlicher Belange						Abstimmung mit anderen Planungen
Planer						Planaufstellung

nungsprozessen durch ein System von Rollenträgern lässt die gesellschaftliche Komponente von Planung deutlich werden.

Die drei oben vorgestellten Modelle unterscheiden sich in wesentlichen Punkten. *Riegers* Rollentypisierung erfolgt rein begriffslogisch. Sie lässt sich unmittelbar aus dem Handlungsablauf, den jedwede Planung aufweisen muss, ableiten. *Ropohl* und *Laage* versuchen die reale Wirlichkeit widerzuspiegeln. Dabei legt *Ropohl* sein Schwergewicht auf die systemtechnische Beschreibung von Planungsprozessen. Ihm kommt es vornehmlich darauf an, deutlich zu machen, dass sich das planerische Handlungssystem in mehrere nach ihrer Funktion unterscheidbare Subsysteme zerlegen lässt. *Laage* dagegen betont den Vergesellschaftungsprozess von Planung. Er will das politische Zusammenspiel unterschiedlicher Rollenträger im gesellschaftlich vollzogenen Planungsprozess herausarbeiten. Er bemüht sich daher, Zielvorstellungen, Aufgaben und Probleme der einzelnen Rollenträger möglichst realitätsgetreu und detailliert zu erfassen.

3.37 Kybernetische Systeme

Stachowiak (*Stachowiak*, H. 1970) versucht die Grundstruktur gesellschaftlichen Planens zu modellieren. Er verwendet dazu ein kybernetisches System, welches aus drei Subsystemen mit unterschiedlichen Funktionen besteht. (Vgl. Abb. 14) Er unterscheidet:

– Das Aktionssubjekt (Das Aktionssubjekt ist ein Subjekt – sei es nun eine Person, eine Personengruppe oder eine Institution – welches seine Umwelt aktiv durch Handeln verändern kann. Innerhalb des Planungsprozesses formuliert es Zielvorstellungen und trifft Entscheidungen über die Ziele, die durch die Planung verfolgt werden sollen. Es entscheidet über die zu verwirklichende Handlungsalternative und überwacht deren Realisierung.)

– Das Planungssubjekt (Es ist der eigentliche Planer. Es entwirft im Auftrage und in Abstimmung mit dem Aktionssubjekt die zu erstellende Planung.)

– Das Aktionsobjekt (Das Aktionsobjekt ist der Bereich der Gesellschaft, der durch Planung beeinflusst und verändert werden soll.)

Abbildung 14: Planung im kybernetischen System

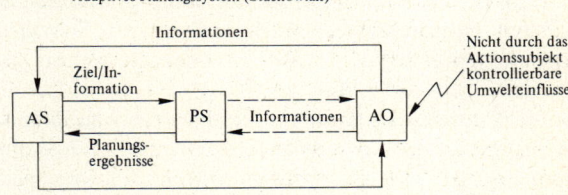

Adaptives Planungssystem (Stachowiak)

AS Aktionssubjekt (Entscheidungsträger)
AO Aktionsobjekt (Betroffene, planungsrelevanter Gesellschaftsbereich)
PS Planungssubjekt (Planung als Politikberatung)

Aktionssubjekt, Planungssubjekt und Aktionsobjekt sind im Stachowiakmodell durch informative und energetische Beziehungen miteinander verkoppelt. Sie bilden ein durch Rückkoppelungsschleife gekennzeichnetes kybernetisches System. Die Koppelungsbeziehungen sollen die realen gesellschaftlichen Beziehungen zwischen Planern, Auftraggebern und Betroffenen abstrahierend wiedergeben.

Aktiver Ausgangspunkt des Planungsgeschehens ist für *Stachowiak* das Aktionssubjekt. Kommt es aufgrund seiner Wertvorstel-

lungen zu der Einsicht, dass das Aktionsobjekt veränderungs-
bedürftig ist und dass solche Veränderungen machbar sind, so
setzt es einen Planungsprozess in Gang. Das Planungssubjekt formuliert dabei zunächst Zielvorstellungen, beschafft sich selbst
zusätzliche Informationen über das Aktionsobjekt und stimmt
aufgrund dieser Informationen in Kommunikation mit dem
Aktionssubjekt die in der Planung zu verfolgende Zielsetzung ab.
Dieser Vorgang wird von *Stachowiak* als Zielplanung bezeichnet.
Nach Abschluss der Zielplanung entwickelt das Planungssubjekt
Aktionspläne, also Handlungskonzepte, die geeignet erscheinen,
die vorgegebene Zielsetzung zu realisieren. Diese Aktionspläne
werden dem Aktionssubjekt vorgelegt. Das Aktionssubjekt entscheidet, ob eine der ausgearbeiteten Alternativen realisiert werden soll oder ob die Planung zu überarbeiten ist. Hat das Aktionssubjekt schliesslich eine Planungsalternative akzeptiert, so setzt es
diese um, d. h. es versucht, das Aktionsobjekt gemäss seiner Pla-
nungskonzeption zu verändern. Der sich durch die Handlungen
des Aktionssubjektes wandelnde Zustand des Aktionsobjektes
führt dazu, dass das Aktionssubjekt neue (veränderte) Informationen über das Planungsobjekt erhält. Aufgrund dieser Informationen kann es entscheiden, ob der angestrebte Sollzustand des
Aktionsobjektes erreicht worden ist oder ob weitere Verände-
rungsversuche notwendig sind.
Interpretiert man dieses System als kybernetischen Regelkreis, so
ist das Aktionssubjekt der Sollwertgeber, das Aktionsobjekt die
Regelstrecke und das aus Aktionssubjekt und Planungssubjekt
bestehende Teilsystem der Regler.
Das Stachowiakmodell bietet trotz seiner sehr abstrakten Form
Ansatzpunkte zur Diskussion unterschiedlicher Planungsprobleme:
– In dem Fall, in dem das Aktionsobjekt durch von aussen auf
  das System wirkende Kräfte verändert wird, kann man Reflek-
  tionen darüber anstellen, unter welchen Bedingungen das
  Aktionssubjekt und das Planungssubjekt in der Lage sind,
  einen bestimmten Sollzustand des Aktionsobjektes aufrecht zu
  erhalten. Viele gesellschaftliche Planungsprobleme haben diese
  Struktur. Das heisst Planung versucht Wirkungen zu kompen-
  sieren, die einen bestimmten Gesellschaftsbereich in eine gesellschaftlich oder politisch unerwünschte Richtung verändern.

74

– Das Planungssystem funktioniert nur, wenn alle drei Subsysteme miteinander kooperieren. *Stachowiak* nennt drei Kooperationsvoraussetzungen:

„(a) Das Aktionssubjekt stellt eine gesellschaftsaxiologisch adäquate Repräsentation des Aktionsobjektes dar,

(b) das Aktionssubjekt findet im Planungssubjekt das die Erfüllung seiner Motive bzw. die Erreichung seiner Ziele bewirkende Instrument,

(c) das Planungssubjekt akzeptiert jene Repräsentation und mit ihr die Wertaxiomatik der menschlichen Mitglieder des beplanten Bereichs."

(*Stachowiak,* H. 1970, S. 12)

– Den Informationsbeziehungen kommt im obigen Planungsmodell eine zentrale Funktion zu. (Man kann nun, anknüpfend an dieses Modell, darüber nachdenken, welche innere Struktur sie besitzen müssen und ob Informationen tatsächlich die zentrale Rolle in Planungsprozessen spielen, die ihnen *Stachowiak* zuschreibt.)

Das Stachowiakmodell ist sehr abstrakt und mutet durch seine systemtheoretische Formulierung sehr technokratisch an. Es ist daher nur bedingt fähig, gesellschaftliche Planungsprozesse angemessen zu erfassen. Dennoch sollte man seinen Wert nicht unterschätzen. Es bietet in seiner einfachen, klaren Form die Möglichkeit, an einem anschaulichen Modell Probleme gesellschaftlicher Planung anzudiskutieren und begrifflich zu verorten.

Diese positive Einschätzung soll jedoch keineswegs überdecken, dass das Stachowiakmodell insofern irreführt, als es gesellschaftliche Planung abbilden will, ohne jedoch deutlich zu machen oder auszuführen, welche innere Struktur – d. h. welche Produktionsverhältnisse, welche Herrschafts- und Machtstrukturen usw. – die abgebildete Gesellschaft hat.

3.38 Praxeologische Planungsmodelle

Praxeologische Planungsmodelle stellen das reale planerische Handeln in den Mittelpunkt. Sie wollen keine Planungstheorie entwerfen oder wiedergeben, sondern sie versuchen lediglich Planungserfahrung zu systematisieren und weiterzugeben.

Bendixen und *Kemmler* drücken dies folgendermassen aus: „Das vorliegende Werk soll weder eine wissenschaftliche Studie noch ein Rezeptbuch sein. Es ist vielmehr ein Erfahrungsbericht, entstanden aus vielfältigen Beobachtungen und Versuchen, aus Irrtümern und Umwegen in der Durchführung praktischer Planungen." (*Bendixen, Kemmler,* 1971, S. 5)

Praxeologische Planungsanalysen handeln demzufolge in einer mehr oder weniger systematischen Form die Probleme ab, die sich im Rahmen einer Planung stellen, d. h. die Frage nach den Haupteinflussgrössen in Planungsprojekten, nach sinnvollen Formen der Informationsgewinnung und -verarbeitung, nach sinnvollen Organisations- und Entscheidungsstrukturen in Planungsprozessen, nach sinnvollen Verfahren der Zeitkalkulation und nach allgemeinen Planungsmethoden werden auf der Ebene von Planungserfahrungen diskutiert. (Vgl. *Bendixen, Kemmler,* 1971)

Kotarpinski versucht aus praxeologischer Sicht sogar einen Kriterienkatalog zu entwerfen, der die Eigenschaften eines „guten" Planes wiedergibt. Von einem guten Plan fordert er (*Kotarpinski,* 1969), dass dieser

- zweckmässig ist (d. h. die geeigneten Mittel zur Erreichung der Planzwecke nennt)
- durchführbar ist (Dies ist allerdings mit Sicherheit erst nach den Realisierungsversuchen feststellbar)
- innere Konsistenz aufweist (d. h. er soll so formuliert sein, dass sich aus ihm unmittelbar Handlungsanweisungen ablesen lassen)
- flexibel ist (d. h. der Plan soll so ausgelegt sein, dass er alternative Vorschläge enthält, die zur Anwendung kommen können, wenn sich die ursprüngliche Umweltsituation verändert)
- angemessen detailliert ist (Ein Plan ist dann sinnvoll detailliert, wenn der Detaillierungsgrad der Problemstellung entspricht. Pläne sollen von daher stets auch eine Begrenzung der Detaillierung aufweisen, „denn wir können keine Antwort auf eine Frage vernünftig planen, auf die wir zum Zeitpunkt des Projektierens sachlich und grundsätzlich keine Antwort zu geben vermögen" (*Kotarpinski,* 1969, S. 89))
- eine optimale zeitliche Reichweite aufweist (d. h. der Plan soll innerhalb eines überschaubaren, dem beplanten Objekt angemessenen Zeitraumes realisierbar sein und wirken)

- den Zeitpunkt fixiert, zu dem die Planungsaufgabe ausgeführt sein soll
- eine Lösung für die Ganzheit seiner Aufgabe enthält (d. h. er soll nicht nur Teilprobleme der ursprünglichen Planungsaufgabe lösen)
- vernünftig ist „wir verstehen unter der Vernünftigkeit etwas Besonderes und Bestimmtes: je vernünftiger in unserer Auffassung ein Plan ist, um so solider ist er dann in seiner Gesamtheit durch reale Kenntnisse untermauert. Dadurch unterscheiden sich eben prinzipielle wirklichkeitsnahe Programme von utopischen Fantastereien, dass sie auf der Kenntnis der Tatsachen und der Abhängigkeit der Faktoren der Wirklichkeit beruhen, wodurch riskante Unternehmungen ausgeschaltet werden" (*Kotarpinski*, 1969, S. 90)
- effektiv ist (ein guter Plan zeichnet sich dadurch aus, dass die in ihm vorgesehene Handlungsanordnung effektiv ist).

Diese zehn von *Kotarpinski* genannten Eigenschaften eines guten Planes machen die Vor- und Nachteile des praxeologischen Modelles deutlich. Obwohl sicherlich niemand dagegen sprechen wird, dass ein guter Plan die eben genannten Eigenschaften aufweisen sollte, ist es schwierig, festzustellen, wann und unter welchen Bedingungen ein realer Plan eben diese Eigenschaften besitzt. Sie sind zu allgemein und unpräzise formuliert, um reale Pläne tatsächlich an ihnen messen zu können. Sie können daher lediglich als Diskussionsgrundlage bei der Analyse eines konkreten Planes dienen.

Praxeologie versucht, konkrete Erfahrungen zu verallgemeinern und in verallgemeinerter, abstrakter Form weiterzugeben. Solch ein Unterfangen steht vor der Schwierigkeit, dass die verallgemeinerten Erfahrungen nur von dem erschlossen und übernommen werden kann, der zugleich auch konkrete Erfahrungen des betreffenden Praxisbereiches hat. Nur er kann das Allgemeine in seine konkrete Handlungssituation übersetzen. Es ist daher verständlich, dass die praxeologische Planungsliteratur dem Planungsanfänger leicht abstrakt und wenig ergiebig erscheint, während der erfahrene Planungspraktiker in ihr seine eigenen Erfahrungen wiederzuerkennen vermag. Jede praxeologische Planungsbeschreibung befindet sich ausserdem stets in der Gefahr in Allgemeinplätze abzugleiten.

Die in den vorangehenden Abschnitten dargestellten Planungsmodelle versuchen Planung unter unterschiedlichen Gesichtspunkten zu beschreiben. Jedes dieser Modelle erfasst Planung – notgedrungen – unter einer speziellen Perspektive. Die Gegenüberstellung der Planungsmodelle lässt die Komplexität erkennen, die
reale Planungsprozesse aufweisen. Tabelle 9 enthält einen zusam-
menfassenden Vergleich der in den vorangehenden Abschnitten
aufgeführten Planungsmodelle. Ihr lässt sich unschwer entnehmen, dass die in ihr gegenübergestellten Planungsmodelle Planung auf unterschiedliche Art erfassen, indem

– sie Planung unter unterschiedlichen Anliegen thematisieren
– unterschiedliche Aspekte von Planungen hervorheben
– unterschiedliche Erkenntnisinhalte vermitteln.

Trotz dieser Differenzen weisen die obigen Modelle auch eine
Reihe von Gemeinsamkeiten auf:

– Sie alle sind abstrakt, da sie generelle Aussagen über Planung
machen wollen.

– Sie verdeutlichen, dass Planungsprozesse im Regelfall komplex
sind, da diese auf einer Folge von Teilhandlungen beruhen, die
durch Interaktionen von Rollenträgern miteinander verknüpft
sind.

– Sie alle betrachten Planung vorrangig als individuelle oder als
Gruppenhandlung, nicht aber als gesellschaftliche Tätigkeit.
Mit Ausnahme der Rollensysteme wird Gesellschaft da, wo sie
ins Planungsmodell eingeführt wird (wie z. B. bei *Stachowiak*)
nie als konkrete strukturierte Gesellschaft begriffen. Das Wort
„Gesellschaft" wird eher zum Synonym für „andere Menschen". Es wird somit seines soziologischen Gehaltes entklei-
det. Die Verwendung eines Gesellschaftsbegriffes setzt voraus,
dass man über die in der jeweiligen Gesellschaft festliegenden
sozialen Beziehungen wie Produktionsverhältnisse, Herrschafts-
beziehungen und dergleichen Aussagen macht.

– Allen Planungsmodellen liegt ein Handlungsbegriff zugrunde,
der sich am Zweckmittelschema orientiert. Das heisst Handeln
wird als Zweckmittelhandeln von einzelnen Individuen oder als
Interaktion unterschiedlicher Rollenträger, die alle für sich
nach der Zweckmittelperspektive handeln, interpretiert. Die

Tabelle 9: Die wichtigsten Eigenschaften von Planungsmodellen

Modelltyp / Eigenschaften	Lineare Ablaufschemata	Zyklische Ablaufschemata	Handlungssysteme	Rollensysteme	Kybernetische Systeme	Praxeologische Modelle
Betonter Aspekt	Handlungsprozess des Planers, Planung als zielorientierte Handlung	Handlungsprozess des Planers, Planung als zielorientierte Handlung, Korrekturen durch Lernen	Planerfunktionen, Planung als Zweck-Mittel-Handlung	Rollenträger und deren Funktionen in Planungsprozessen, Interaktion	Planung als Interaktion, Systemsteuerung durch Planung	Erfahrungswissen von Planern
Verkürzung	Korrekturen durch Lernen, Interaktion, soziales Umfeld des Planers	Interaktion, soziales Umfeld des Planers	Handlungsinhalte, Interaktion, soziales Umfeld des Planers	Handlungsinhalte, soziales Umfeld des Planers	Handlungsinhalte, Adäquate Darstellung von Gesellschaft	Interaktion, Handlungsinhalte, soziales Umfeld des Planers
Pragmatisches Interesse	Arbeitsorientierung und Anleitung für den Planer	Arbeitsorientierung und Anleitung für den Planer	Systemtechnische Interpretation von Planung, Verbindung zwischen Planung und Systemanalyse	Stellung des Planers im Planungsprozess, Arbeits- und Aufgabenteilung	Planung als Regelung gesellschaftlicher Prozesse und Entwicklungen	Weitergabe von Erfahrungs- und Handlungswissen

Rationalität solcher Planungsmodelle ist damit notgedrungen die Zweckmittelrationalität.

Die Planungsprobleme, die in den obigen Modellen thematisiert werden, orientieren sich — entsprechend der zentralen Stellung, die die Planungsinterpretation als Zweckmittelhandlung einnimmt — an den Problemen, denen sich Zweckmittelhandeln, sei es individuelles Zweckmittelhandeln oder die Interaktion zwischen Handlungssubjekten, gegenübersieht.

4 Die begriffliche Interpretation von Planungshandeln

4.1 Handlungserklärungen

Handeln ist Tun. Will man über Handeln reden, so muss man das beobachtbare bzw. erfahrbare Tun in Begriffe fassen. Handlungsprozesse können begrifflich auf zwei Ebenen erfasst werden:
- als Beschreibung (Die beobachteten Handlungen werden begrifflich beschrieben.),
- als Erklärung (Das Zustandekommen, die Gründe, die Motive usw. des Handelns werden genannt und aus ihnen wird die Handlung abgeleitet, erklärt bzw. interpretiert.)

Die Problematik von Handlungserklärungen liegt darin, dass ein und dieselbe beobachtete Handlung auf unterschiedliche Art und Weise erklärt bzw. interpretiert werden kann. So lässt sich z. B. der Zornausbruch einer Person entweder als reaktives Verhalten auf eine Reizsituation oder als aktives, zielbewusstes Verhalten zur Einschüchterung anderer Personen interpretieren.

Für das Verständnis von Planungsprozessen spielen die verwendeten Handlungserklärungen (Handlungsinterpretationen) eine wesentliche Rolle. In ihnen spiegelt sich das Leitbild und das Selbstverständnis des Planers bzw. auch des Planungstheoretikers wieder. Interpretiert man z. B. Planung als reine Zweckmittelhandlung, so wird man geneigt sein, Planung sehr technokratisch anzusehen. Im Gegensatz dazu wird eine Planungsinterpretation, die die Planung als emanzipatorisches und kommunikatives Handeln versteht technokratisches Planverhalten kritisieren.

4.2 Zweck-Mittel-Handeln

Die oben aufgeführten Planungsmodelle interpretieren Planung als Zweckmittelhandeln. Es erscheint daher sinnvoll, hier auf diese Handlungsinterpretationen ausführlicher einzugehen.

Das Zweckmittel-Schema bezeichnet eine Systematisierung von Handlungsabläufen, die final gerichtet ist. Es unterstellt, dass das handelnde Subjekt angestrebte Zukunftssituationen (Zweck, Ziele) formulieren kann und dass es versucht, diese zu verwirklichen. Sein Handlungsproblem ist gelöst, wenn es ihm gelingt, Verhaltensweisen (Mittel) zu finden, mit denen die angestrebte Zukunftssituation herbeigeführt werden kann. Zweckmittelhandeln wird als rational eingestuft, wenn es eine von zwei einander gleichwertigen Bedingungen erfüllt:

- zu gegebenen Mitteln werden die am höchsten präferierten Zwecke gewählt und verwirklicht
- zur Erreichung eines gegebenen Zweckes werden die Mittel, die den geringsten Aufwand (Kosten, Mühe usw.) verursachen, ausgewählt.

Handlungserklärungen nach dem Zweckmittel-Schema unterstellen also, dass das handelnde Subjekt eine Ausgangssituation durch seine Handlungen in eine angestrebte Zukunftssituation (die Zweck oder Ziel genannt wird) zu überführen trachtet. Zweckmittelhandlungen können nur dann einwandfrei funktionieren (d. h., die in sie gesetzten Erwartungen erfüllen), wenn zumindest folgende Voraussetzungen gegeben sind:

- das handelnde Subjekt (der Autor) erfasst die Ausgangssituation richtig
- der angestrebte Zweck (das Ziel, der erwünschte Endzustand) sind eindeutig festgelegt
- für die gegebene Ausgangssituation ist die Wirkungsweise der in Betracht gezogenen Mittel bekannt (d. h. es ist technologisches Wissen vorhanden).

Abbildung 15 stellt die Struktur von Zweckmittelhandlungen dar. Diese Abbildung soll zugleich zwei generelle Probleme von Zweckmittelhandlungen verdeutlichen.

- Die eingesetzten Mittel können unvorhergesehene, ungewollte Nebenwirkungen hervorrufen, die es vereiteln, dass der angestrebte Endzustand (der anvisierte Zweck) erreicht wird.
- Der tatsächlich erreichte Endzustand und der angestrebte Endzustand (der Zweck, das Ziel) einer Zweckmittelhandlung brauchen darüber hinaus nicht übereinzustimmen, da die Transformation der Ausgangssituation in die Endsituation neben den eingesetzten Mitteln auch von — durch den Handelnden kontrollierbaren und unkontrollierbaren — Auswirkungen mitbeeinflusst werden kann.

Abbildung 15: Die Struktur des Zweck-Mittel-Handelns

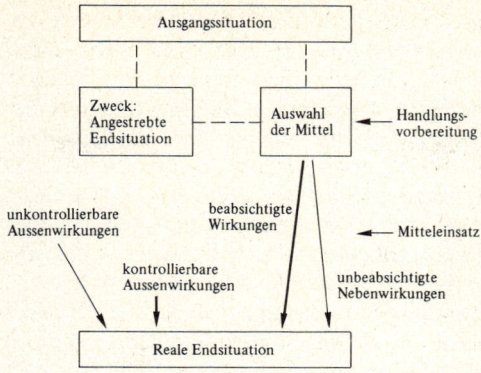

Handlungserklärungen nach dem Zweckmittel-Schema sind für Planungen sehr einleuchtend. Sie unterstellen, dass Planen aktives, zielstrebiges Handeln ist, was dem Selbstverständnis von Planern sehr entgegenkommt. In der Realität zeigt sich jedoch, dass viele Planungsprozesse nicht in dieser einfachen Form angemessen interpretiert und verstanden werden können. Dies liegt vor allem daran, dass sich menschliches Handeln nicht ohne weiteres auf reines Zweckmittelhandeln reduzieren lässt. Hinzu kommt, dass Situationen sozialer Interaktion die Grundprämissen jeder Zweckmittelhandlung (siehe oben) schon aus logischen Gründen nicht erfüllen können.

4.3   Die Grenzen des Zweck-Mittel-Schemas

Planungshandeln kann sicherlich zu Recht in vielen Situationen ganz oder teilweise als Zweckmittelhandeln interpretiert und verstanden werden. Dennoch sind gegen eine zu leichtfertige Verwendung dieses Interpretationsschemas Bedenken anzumelden. Sie sollen hier zunächst aus zwei Richtungen formuliert werden.
1. Die oben aufgeführten Prämissen, an die die Verwendung des Zweckmittelschemas für Handlungserklärungen gebunden ist, sind in der Realität nur für Planungszusammenhänge geringer

Komplexität erfüllt. (Lediglich technische Prozesse, soweit sie heute vom Menschen beherrscht werden, bilden hierbei eine Ausnahme.) Komplexe reale Handlungen weichen in vielen Punkten vom Idealtypus des Zweckmittel-Schemas ab. Solche Abweichungen können verschiedene Gründe haben:

— Innerhalb des Zweckmittel-Schemas können nur entweder Zwecke oder Mittel als variabel angesehen werden. Es müssen also entweder die wirksam werdenden Mittel oder die wirksam werdenden Zwecke als gegeben unterstellt (konstant gesetzt) werden.

— Das Zweckmittel-Verhältnis ist relativ, d. h., Zwecke können wiederum Mittel im Hinblick auf andere Zwecke sein. Ob etwas Zweck oder Mittel ist, kann nicht ein für allemal einwandfrei und abgehoben von einer konkreten Handlungssituation entschieden werden. Die Logik des Zweckmittel-Schemas fordert, dass innerhalb von Zweckmittelhandlungen Zwecke als Endzwecke angesehen werden müssen.

— Zweckmittelhandeln ist Einzelhandeln, d. h. Zweckmittelhandlungen können nur von einem einheitlichen Subjekt (mit einem einheitlichen Bewusstsein, das Zielvorstellungen formulieren kann) — dem Aktor — vollzogen (gesteuert) werden (Dieses Subjekt kann sich jedoch durchaus aus mehreren Personen zusammensetzen.)

— In vielen Fällen ist die vom Aktor unterstellte Ausgangssituation lediglich ein Ausschnitt oder ein Teil der tatsächlich für das Handeln wirksam werdenden Ausgangssituation.

— Der Aktor kann die Ausgangssituation falsch wahrnehmen, d. h. er macht sich ein unzutreffendes Bild von der real existierenden Ausgangssituation.

— Handeln nach dem Zweckmittel-Schema setzt Sachinformation voraus. Es muss Kenntnis über die Wirkungsweise der in Betracht kommenden Mittel bestehen. Man muss folglich wissen, welche Zwecke mit einem gegebenen Mittel erreicht werden können. In vielen komplexen sozialen Situationen sind die hierfür nötigen Informationen nicht vorhanden.

— Zwecke sind werthaltig, Mittel sind dies häufig auch.

— Im Rahmen von Zweckmittelhandlungen können Nebenwirkungen (unbeabsichtigte Wirkungen) auftreten. Diese Nebenwirkungen sind ebenfalls werthaltig. Sie können sogar den Wert der angestrebten oder erreichten Zwecke zunichte machen.

— Es gibt Instanzen ausserhalb des Aktors, die über den Erfolg seiner Handlungen (d. h. der von ihm eingesetzten Mittel) mit entscheiden. Das Ergebnis des Mitteleinsatzes in einer gegebenen Ausgangssituation hängt folglich nicht nur von den gewählten Mitteln, sondern auch vom Verhalten der Umgebung des Zweckmittelhandelnden ab.

2. Der zweite Einwand gegen eine vorschnelle Erklärung allen Planungshandelns durch das Zweckmittel-Schema stammt von *Tenbruck* (*Tenbruck,* 1971). Es geht davon aus, dass „unsere Umwelt und unser Handeln ... bereits im hohen Masse planend geschaffen und verändert" werden. (*Tenbruck,* 1971, S. 91) Die Zentralfrage jeder Theorie der Planung lautet für ihn: Wie kann und muss gehandelt werden, wenn geplant werden soll? *Tenbrucks* These heisst: Beschränkt sich eine Theorie der Planung auf

— normative Modelle des rationalen Handelns,
— die Bündelung des notwendigen Sachwissens in Regeln,

so führt dies zu paradoxen Fehleinschätzungen der Möglichkeiten von Planung. (*Tenbruck,* 1971, S. 93) Bezugnehmend auf Max *Weber* gibt *Tenbruck* Bedingungen für das Funktionieren von Zweckmittel-Planung an: „Wenn jemand einen Zweck verwirklichen will, so muss er

1. die Chancen bestimmen, mit gegebenen Mitteln den gewollten Zweck zu erreichen,

2. die ungewollten Nebenbedingungen kennen, welche bei Einsatz der Mittel und Realisierung des Zweckes eintreten aufgrund des Zusammenhanges der Dinge in der Wirklichkeit,

3. den Wert des Zweckes gegen die ungewollten Nebenfolgen in einer persönlichen Entscheidung abwägen und insbesondere dabei auch

4. die Kosten der Realisierung des Zweckes bedenken insofern, als die dafür aufzuwendenden Mittel (Energie, Zeit) für die Realisierung anderer Zwecke verloren geht, also

5. den Wert des gewollten Zweckes gegen alle anderen Zwecke abwägen, d. h. sich über die Dringlichkeit des gewollten Zweckes im System der eigenen Zwecke klar zu werden." (*Tenbruck,* 1971, S. 94)

Tenbruck belegt seine These durch folgenden Argumentationsgang: Wir kennen die Gesamtheit der latenten Funktionen, welche unsere allgemeinen Lebensumstände für uns erfüllen, nicht. Zwecke sind stets etwas, hinter dem ein manifestes Bedürfnis (und kein latentes Bedürfnis) steht. Die Verwirklichung eines Zweckes verändert die gegebenen Umstände (die Ausgangssituation wird in die Endsituation überführt). Durch diese Veränderung der Umstände, d. h. in der Endsituation, können neue Bedürfnisse auftreten und andere verschwinden. Bisher latente Bedürfnisse werden dann manifest, d. h. die Ausgangssituation und die Endsituation weisen somit unterschiedliche Bedürfnisstrukturen auf. Zwei Situationen mit unterschiedlichen Bedürfnisstrukturen sind nur vergleichbar, wenn es kardinale Nutzenfunktionen gibt, wenn also die Bedürfnisse quantitativ erfasst und gemessen werden können. Nur die Bedürfnisse, deren wir uns bewusst werden, lassen sich in Zwecke transformieren. Somit wird stets nur ein Teil der bestehenden Bedürfnisse in Zwecke übersetzbar.

Der Erklärung von Handlungen mit Hilfe des Zweckmittel-Schemas sind somit durchaus deutliche Grenzen gesetzt. Es kommt hinzu, dass keineswegs alle Handlungen als Zweckmittelhandlungen gedeutet werden können. Zweckrationales Handeln versucht stets vorgegebene und vom Handelssubjekt (Aktor) erkannte Zwecke und Ziele zu verwirklichen. Es stellt damit die instrumentelle Komponente von Handeln in den Vordergrund. Von dieser Form des Handelns unterscheiden sich jedoch durch traditionsgeformtes Handeln, kopierendes (nachahmendes) Handeln, emotional (affektives) Handeln und kommunikatives Handeln.

Der Wert des Zweckmittel-Schemas für die Erklärung und Interpretation von Planungshandeln lässt sich folglich nicht mit einer einfachen Einschätzung umreissen. Viele individuelle Planungshandlungen können einerseits gut durch das Zweckmittel-Schema erfasst werden und es können mit Hilfe von Zweckmittel-Interpretationen ihre Probleme deutlich gemacht werden, während andererseits die pauschale Verwendung des Zweckmittel-Schemas zur Erklärung von Planungsprozessen leicht zu Fehleinschätzungen führt (insbesondere da, wo Planung nicht mehr allein individuelle Handlung, sondern Interaktion, d. h. gesellschaftliche Handlung, ist).

5.1   Planungsprobleme aus der Perspektive des Zweck-Mittel-Schemas

Dem Planer erscheint sein Planungshandeln in der Regel als Zweckmittelhandlung. Die sich ihm in einem Planungsprozess stellenden Probleme lassen sich an der allgemeinen Struktur von Zweckmittelhandlungen festmachen. Gemäss den Ablaufschemata von Planung, die sich sehr eng an das Zweckmittel-Schema anlehnten, müssen in einem Planungsprozess folgende Aufgaben gelöst werden:

- die Ausgangssituation muss adäquat erfasst werden,
- es müssen Zwecke (Ziele) vorgegeben werden, im Hinblick auf die der Planungsbereich (das Planungsobjekt) verändert werden soll,
- diesen Zielen müssen adäquate Mittel (also Mittel, die zu ihrer Erreichung dienen können) zugeordnet werden,
- unter den zur Verfügung stehenden Mitteln muss das Optimale ausgewählt werden,
- die Einzelaktivitäten innerhalb einer Planung sind zu einem sinnvollen Handlungsprozess zu koordinieren,
- die Beziehungen zwischen den Planungsbeteiligten sind zu organisieren.

Aus diesen Grundaufgaben (Teilhandlungen) jedweder Planung lassen sich ohne weiteres die Grundprobleme von Planungsprozessen ableiten. Es sind:

- das Informationsproblem (die Beschaffung und Bearbeitung der planungsrelevanten Informationen), die Positionsanalyse des Planers und die Zielanalyse und die sich daran anschliessenden Analysen wie die Sachanalyse des Planungsobjektes, die Interessenanalyse der Beteiligten,
- das Entscheidungsproblem (Planungsprozesse enthalten eine Reihe von Entscheidungen (vgl. Abschnitt 3.33),
- die Zielfindungs- und Bewertungsproblematik (Informationen, Ziele und Handlungsalternativen müssen innerhalb von Pla-

nungsprozessen gewertet werden, denn nur so lassen sich die zum Abschluss einer Planung notwendigen Entscheidungen treffen),

- das Organisationsproblem (die Beziehungen zwischen den Planungsbeteiligten sind durch eine Organisationsstruktur zu regeln),
- das Zeitproblem (Planungen müssen im allgemeinen bis zu einem bestimmten Zeitpunkt, der sich aus den zur Verfügung stehenden Ressourcen und der angestrebten Zukunftssituation ergibt, abgeschlossen sein),
- das Koordinationsproblem (die zu einem Planungsprozess gehörenden Teilhandlungen müssen koordiniert werden).

Jedes dieser Probleme muss innerhalb von realen Planungsprozessen konkret gelöst werden. Für diese Lösungen gibt es keine für jede Planungssituation gültigen Rezepte. Man kann daher diese Planungsprobleme und ihre Lösungen zunächst nur auf einer allgemeinen Ebene andiskutieren, um anschliessend verschiedene Lösungsalternativen gegeneinander abzuwägen.

Die Planungsmethodik enthält ein ganzes Instrumentarium operativ formulierter Handlungsstrategien zur Lösung eben dieser Planungsprobleme. Die folgenden Abschnitte sollen diese Planungsprobleme skizzieren und die Modelle, durch die sie üblicherweise dargestellt werden, wiedergeben. Die Kenntnis dieser Modelle bietet nicht nur einen Schlüssel zum Verständnis von Planungshandeln, sondern sie schafft zugleich auch eine Grundlage zur übersichtlichen Ordnung von Planungsmethoden.

5.2 Planung und Information

5.21 Planungsrelevante Informationen

Die Informationsgewinnung und die Informationsverarbeitung sind zentrale Probleme jeden Planungsgeschehens. Ganz allgemein kann man über planungsrelevante Informationen unter zwei Gesichtspunkten diskutieren. Man kann fragen

- welche Informationen werden wofür gebraucht,
- wovon und worüber geben die einzelnen Informationen Auskunft.

Die erste der beiden Fragen lässt sich durch einen Seitenblick auf die Ablaufschemata generell beantworten. In Planungsprozessen werden Informationen gebraucht für

– die Problemdefinition
– die Sachanalyse des Planungsobjektes
– die Interessenanalyse der an der Planung Beteiligten bzw. der von der Planung Betroffenen
– die Zielfindung
– die Erarbeitung der Handlungsalternativen, die geeignet sind, die gesetzten Ziele zu verwirklichen.

Diese kurze Aufzählung macht bereits deutlich, dass in jeder Planungsphase – wenn auch unterschiedliche – Informationen benötigt werden. Der Informationsbedarf eines Planungsprozesses erstreckt sich dementsprechend auf sehr mannigfaltige Bereiche. Man benötigt Informationen über

– die Art, das Aussehen, die Beschaffenheit und die Struktur des Planungsobjektes,
– die vorgegebenen Ziele und die Erwartungen des Planungsträgers (Auftraggebers),
– die Interessen und Wertvorstellungen der an der Planung Beteiligten,
– die Bedürfnisse, Wünsche und Interessen der Planungsbetroffenen.

Neben diesen Informationen, die sich auf das Planungsobjekt, den Planträger und die Interessen, Erwartungen bzw. Bedürfnisse beziehen, denen sich der Planer von aussen gegenüberstehen sieht, benötigt der Planer auch Informationen über sich und seine Handlungsmöglichkeiten, d. h. er muss wissen, welche Instrumente ihm zur Verfügung stehen, wo er sich Informationen beschaffen kann und wo die Grenzen seiner Handlungsmöglichkeiten bzw. seiner Fähigkeiten liegen.

Typisiert man die eben angesprochenen planungsrelevanten Informationen nach ihrem Inhalt, so kommt man zu der Einsicht, dass zumindest folgende Typen von Informationen in Planungsgeschehen eine wichtige Rolle spielen:

– Sachinformationen (über das Planungsobjekt im weiteren Sinne)
– Informationen über die Ziele, Wertvorstellungen, Bedürfnisse und Interessen der Planungsbeteiligten und Planungsbetroffenen

- Vorwissen des Planers und Erfahrungen mit dem konkreten Planungsbereich
- Methodenkenntnisse des Planers
- Wissen, welche Informationen wo beschafft werden können.

Es ist offensichtlich, dass die Informationsgewinnung und die Informationsverarbeitung an den Planer eine Reihe unterschiedlicher Arbeitsanforderungen stellen. Um ihnen gerecht werden zu können, bedarf es der Beherrschung unterschiedlicher Methoden im Umgang mit Informationen und des Einsatzes verschiedener Hilfsmittel. Im Kapitel 6 wird auf Methoden der Informationsgewinnung und -verarbeitung eingegangen.

5.22 Das Grundmodell der Informationstheorie

Über planungsrelevante Informationen kann auf vielfältige Weise und auf Ebenen ganz unterschiedlicher Konkretion gesprochen werden. Für einen realen Planungsbereich können die dort potentiell einsetzbaren konkreten Informationsträger und Informationsinhalte diskutiert werden. Hier, wo es um eine Darstellung der allgemeinen Informationsproblematik für Planungsprozesse geht, muss folglich auf ein abstraktes, allgemeines Modell von Informationsvorgängen zurückgegriffen werden.

Informationsprozesse lassen sich generell durch das im weiteren dargestellte Sender-Empfänger-Modell beschreiben (vgl. Abb. 16), welches sich wie folgt skizzieren lässt.

Informationen sind durch zwei Eigenschaften gekennzeichnet:
- Sie enthalten Sinn und vermitteln Wissen.
- Informationen teilen dem Informationsempfänger etwas Neues, ihm bisher nicht Bekanntes mit.

Im Sinne der Informationstheorie ist dieser Informationsbegriff zu unterscheiden von den Begriffen Nachricht und Signal. Die Unterscheidung zwischen Information, Nachricht und Signal lässt sich an Abbildung 16 (Nachrichtenübertragungssystem) erläutern.

Ein Nachrichtenübertragungssystem besteht in erster Näherung aus drei Teilsystemen:
- dem Sender (Der Sender produziert Nachrichten und gibt diese Nachrichten weiter.)
- dem Kanal (Der Kanal überträgt die vom Sender produzierten

Abbildung 16: Grundmodell der Nachrichtenübertragung

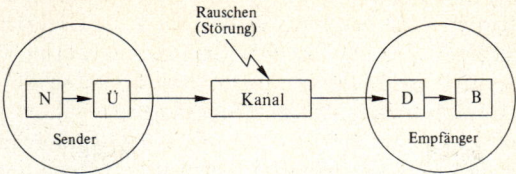

N *Nachrichtenquelle* (Produziert Nachrichten)
Ü *Übertrager* (Codiert Nachrichten in Signale)
K *Kanal* (Überträgt Signale)
D *Decodierer* (Empfängt Signale, decodiert sie in Nachrichten)
B *Bestimmungsteil* (Wertet Nachrichten aus)

Nachrichten zum Empfänger. Er ist das Vermittlungsmedium zwischen Sender und Empfänger.)
– dem Empfänger (Der Empfänger nimmt die vom Sender über den Kanal abgegebenen Nachrichten auf und entschlüsselt sie.)
Nachrichtenübertragungssysteme können unter zwei Gesichtspunkten analysiert werden:
– dem technischen (Es kann ihre technische Funktionsweise thematisiert werden.)
– dem inhaltlichen (Es kann gefragt werden, welcher Sinn und Inhalt den übermittelten Nachrichten zukommt und wie die inhaltliche Kommunikation zwischen Sender und Empfänger funktioniert.)
Nachrichtensysteme sind gerade so angelegt, dass ihr technisches Funktionieren Vorbedingung für die Übertragung sinnhafter Nachrichten ist. Dies lässt sich deutlich machen, wenn man den Sender und den Empfänger in weitere Teilsysteme aufspaltet. Ein Sender lässt sich zerlegen in die Nachrichtenquelle und den Übertrager. Die Nachrichtenquelle produziert und formuliert den Sinn und Inhalt der Nachricht, die übertragen werden soll. Der Übertrager setzt diese Nachricht in physikalisch übermittelbare Signale wie Schallwellen, Lichtzeichen, elektro-magnetische Wellen usw. um. Der Kanal ist das Medium, welches diese physikalischen Signale überträgt. Seine Beschaffenheit korrespondiert folglich mit der Art der Signale. Da auf einem Kanal auch andere als die vom Sender ausgestrahlten einwirken, kommt es zu Überlagerungen und Verzerrungen bzw. Dämpfungen der vom Sender abgegebenen Signale. Man spricht von Störungen bzw. von Rauschen im Kanal. Der Empfänger lässt sich ebenfalls in zwei Subsysteme

zerlegen: den Dekodierer und das Bestimmungsteil. Der Dekodierer empfängt die Signale aus dem Kanal und entschlüsselt die in ihnen enthaltenen Nachrichten. Er dekodiert die Nachrichten aus den empfangenen Signalen. Das Bestimmungsteil wertet die Nachrichten aus, d. h., es entnimmt ihnen ihren Sinn und die in ihnen enthaltenen Informationen für den Empfänger.

Reale Nachrichtensysteme sind sicherlich nicht so schematisch wie der hier vorgestellte Idealtyp aufgebaut. Dennoch enthalten sie alle hier aufgeführten Subsysteme, auch dann, wenn die Trennung in einzelne Teilsysteme nicht ohne weiteres ersichtlich ist und daher auch nur relativ willkürlich durchgeführt werden kann. Der Unterschied zwischen Signal, Nachricht und Information lässt sich nun folgendermassen umreissen. Signale sind die physikalischen Zustände, deren der Übertragungskanal fähig ist. Signale sind die physikalischen (materiale bzw. energetische) Basis von Nachrichten. Damit Nachrichtenübertragung funktionieren kann, muss das Signal, das der Sender ausstrahlt, prinzipiell in unveränderter Form beim Empfänger eintreffen. Nachrichten sind folglich sowohl auf den Sender als auch auf den Empfänger zu relativieren. Ein und das gleiche Signal kann aus der Sicht des Senders eine andere Nachricht wiedergeben als aus der Sicht des Empfängers. So entstehen z. B. Missverständnisse zwischen Personen dadurch, dass der Sender und der Empfänger ein und dem gleichen Signal (ein und der gleichen Signalfolge) unterschiedliche Nachrichten zuordnen.

Die relativ lose Koppelung von Nachrichten und Signal wird auch dadurch deutlich, dass ein und dieselbe Nachricht durch unterschiedliche Signale (Bild, Ton, Schrift) übertragen werden kann. Im Gegensatz zur Nachricht, die sowohl auf den Sender als auf den Empfänger relativiert werden kann, ist die Information nur auf den Empfänger bezogen. Als Information bezeichnen wir das Wissen (die Neuigkeit), die dem Empfänger durch eine Nachricht mitgeteilt wird. Wann eine Nachricht für den Empfänger etwas Neues, also Information, enthält, vermag nur der Empfänger selbst anzugeben. Welche Nachricht für einen bestimmten Empfänger Information darstellt, hängt folglich von seinem Vorwissen ab. Aus der Sicht des Empfängers kann ein Signal eine Nachricht übertragen und eine Nachricht Information enthalten; dies muss jedoch nicht immer so sein. Es gibt folgende Möglichkeiten:

- der Empfänger entnimmt dem Signal keinen Sinn und somit keine Nachricht,
- der Empfänger entnimmt dem Signal eine Nachricht, die er jedoch inhaltlich nicht versteht,
- der Empfänger entnimmt dem Signal eine Nachricht, die ihm bereits bekannt ist,
- der Empfänger entnimmt dem Signal eine Nachricht, die ihm etwas Neues mitteilt, die ihm also eine Information vermittelt.

5.23 Eine planungstheoretische Interpretation des Sender-Empfänger-Modells

Aus der Sicht des Planers sind alle Informationsquellen, deren er sich im Planungsgeschehen bedient, Informationssender. Informationsgewinnung ist aus dieser Sicht nichts anderes als die gezielte Abfrage von planungsrelevanten Informationen aus diesen Informationsquellen. Die Informationen, die der Planer auf diese Weise erhält, sind bestimmt durch die Nachrichten, welche der Sender insgesamt von sich geben kann, die Störungen und Verzerrungen, die die durch den Kanal übermittelten Signale erfahren und durch das Vorwissen bzw. das Interpretationsvermögen des Planers (Empfängers), der die durch die Signale vermittelten Nachrichten entschlüsselt und ihren Neuigkeitswert interpretieren muss.

Informationsgewinnung ist somit aus der Sicht des Planers als Empfänger an zwei wichtige Fähigkeiten gebunden:

- Methoden und Techniken, mit deren Hilfe die Informationsquellen „angezapft", d. h. befragt werden
- das Vorwissen und das Interpretationsvermögen des Planers, mit deren Hilfe er Signale entschlüsselt und Nachrichten unter seiner Fragestellung auswertet.

Es ist daher verständlich, dass viele Planungsmethoden entwickelt wurden, die der Informationsgewinnung (d. h. der Abfrage von Informationsquellen) und der Nachrichteninterpretation (d. h. der Auswertung von gewonnenen Nachrichten) dienen.

Der Planer nimmt jedoch nicht nur Nachrichten und Informationen auf; er produziert auch welche und gibt sie weiter. In der Sprache des obigen Modells bedeutet das, dass er als Sender agiert. Die Empfängerrolle kann dann von Auftraggebern, Planungsbeteiligten oder Planungsbetroffenen eingenommen werden.

Will der Planer diese Adressaten erreichen, so muss er die von ihm produzierten Nachrichten so formulieren, darstellen usw., dass sie von den Auftraggebern, Beteiligten und Betroffenen entschlüsselt und verstanden werden können. Das heisst er muss bei der Nachrichtenformulierung das Interpretationsrepertoire des jeweiligen Empfängers und nicht nur sein eigenes oder das seiner Fachkollegen im Auge haben. Eine klare Sprache, Techniken der visuellen Kommunikation, wie das Entwerfen von Schaubildern, Verfahren der Plandarstellung usw. können ihm hierbei eine Hilfe sein.

5.3   Planung und Entscheidung

5.31   Vorbemerkung

In jedem Planungsprozess müssen Entscheidungen getroffen werden. Solche Entscheidungen sind z. B. die Festlegung:
1. der Planziele
2. der Auswahlkriterien für die Aktionsprogramme
3. der durchzuführenden Aktionen
4. die Auswahl der Beteiligten

Die genannten Entscheidungen können u. a. hinsichtlich der folgenden Fragestellungen untersucht werden
1. Wer entscheidet?
2. Unter welchen Gesichtspunkten, aufgrund welcher Werturteile wird entschieden?
3. Wer kontrolliert die Entscheidungsbefugten? Wodurch werden ihrer Entscheidungsfreiheit Schranken gesetzt?
4. Können die von den Entscheidungen Betroffenen die Entscheidungsprozesse beeinflussen?
5. Wie läuft ein Entscheidungsprozess ab?
6. Welche formal-logische Struktur besitzt ein Entscheidungsprozess?

Wir werden uns im folgenden vorwiegend mit der letzten Frage beschäftigen und die allgemeine Form einer Entscheidungssituation herausarbeiten.

Obwohl uns aus der Alltagspraxis durchaus vertraut ist, was eine Entscheidung ist, ist es nicht ganz einfach, den Begriff „Entscheidung" klar und „wirklichkeitsgetreu" zu definieren. *Naschold* versucht dies folgendermassen: „Entscheidungen können als ein zentraler Prozess der Verhaltenssteuerung von Systemen in einer komplexen, sich wandelnden Umgebung angesehen werden." (*Naschold,* 1969, S. 31) Etwas weniger abstrakt ausgedrückt kann man jede bewusste Auswahl oder die Festlegung von Zielen nach Massgabe bestimmter Werturteile als Entscheidung bezeichnen.

Eine Entscheidung setzt somit folgendes voraus

1. einen Entscheidenden (Aktor),
2. die Existenz mehrerer (Handlungs- oder Ziel-)Alternativen, die der Aktor nicht alle verwirklichen kann, aus denen er folglich auswählen muss,
3. ein Wertsystem (in Form von Werturteilen, Zielsetzungen, ethischen und moralischen Prinzipien) aufgrund dessen der Aktor seine Entscheidungen trifft.

Entscheidungen setzen im allgemeinen Informationen voraus, die häufig nur vermittels Prognosen gewonnen werden können, denn es werden viele Entscheidungen erst dann getroffen, wenn man Mutmassungen über die möglichen Wirkungen der Entscheidung angestellt hat. Das heisst, es wird überlegt, welche Folgen sich aus der Auswahl der einzelnen Handlungsalternativen oder der Setzung der für die Entscheidung relevanten Ziele ergeben würden. Die endgültige Entscheidung für ein Ziel oder eine Handlung erfolgt erst dann, wenn man sich für jede in Frage kommende Handlung bzw. für jedes in Frage kommende Ziel die Konsequenzen, die sich aus der Auswahl dieser Handlung bzw. dieses Zieles ergeben würden, durchdacht hat.

Zu Beginn dieses Abschnittes haben wir gefordert, dass nur eine mit Bewusstsein getroffene Auswahl als Entscheidung bezeichnet werden soll. Im Rahmen einer formallogischen oder normativen Planungstheorie kann man darüber hinausgehen und nur noch rationale (also vernunftbezogene, vernünftige) Entscheidungen betrachten. Wir wollen im weiteren so verfahren.

5.33 Das Modell der rationalen Entscheidung

Unter einem Entscheidungsmodell verstehen wir, in Anlehnung an *Menges* (*Menges,* 1969), ein begriffliches Schema (oder einen Algorythmus), das (der) aufgestellt wird, um die Fällung einer rationalen Entscheidung zu erleichtern oder gar erst zu ermöglichen. Da wir hier an der Analyse realer Entscheidungen nicht interessiert sind, werden wir uns lediglich die Form solch eines Schemas vergegenwärtigen. Wir schliessen dabei an die im vorigen Abschnitt gemachten Ausführungen an.

Im Rahmen eines Entscheidungsprozesses wollen wir unter der subjektiven Ausgangssituation das Bild verstehen, das sich der Entscheidende (Aktor) von der objektiven (realen) Ausgangssituation macht. Als Ausgangssituation bezeichnen wir die Situation (den Zustand), in der sich die entscheidungsrelevante Umgebung des Entscheidenden zum Zeitpunkt der Entscheidung befindet. Analog dazu heisst die Situation, in die die entscheidungsrelevante Umwelt des Entscheidenden durch die Ausführung der Entscheidung und der gewählten Alternative (z. B. Verwirklichung der ausgewählten Aktion) gebracht wird, Endsituation. Die Endsituation kann zum Zeitpunkt der Entscheidung (also in der Ausgangssituation) nur prognostiziert werden. Zur entscheidungsrelevanten Umwelt eines Aktors können sowohl physische Objekte (Strassen, Fabriken, Landschaften . . .) als auch soziale Objekte (andere Aktoren, Institutionen . . .) gehören. Die entscheidungsrelevante Umwelt kann jeweils nur von der inhaltlichen Problemstellung der anstehenden Entscheidung her abgegrenzt werden.

Die Basis für eine Entscheidung wird somit gebildet durch:
1. die subjektive Ausgangssituation des Entscheidenden
2. die zur Auswahl stehenden Handlungsalternativen oder Ziele
3. das Wertsystem des Aktors (Es wird im allgemeinen unterstellt, dass sich das Wertsystem im Laufe des Entscheidungsprozesses nicht ändert, d. h., es wird Wertkonstanz postuliert.)

Da das Wertsystem (bzw. die Wertvorstellungen) des Aktors häufig nicht operabel ist, wird es in einem Entscheidungsprozess meistens durch eine sogenannte Entscheidungsregel (auch Entscheidungskriterium) repräsentiert. Die Entscheidungsregel selbst ist operabel. Die oben aufgeführte Basis einer Entscheidung kann nun also um einen Punkt erweitert werden:

4. die Entscheidungsregel des Aktors
   (Sie ist eine aus dem Wertesystem abgeleitete Regel, nach der
   der Aktor unter Einbezug der Ausgangs- und der vermuteten
   Endsituation die „richtige" Alternative auswählt. Solche Ent-
   scheidungsregeln können lauten „Maximiere Deinen Gewinn",
   „Suche die Alternative aus, die Dir im ungünstigsten Fall den
   geringsten Verlust zufügt", „Tue alles, was die anderen auch
   tun" . . .)

Wie bereits im vorangehenden Abschnitt angedeutet, unterstellt
ein rationales Entscheidungsmodell den folgenden Entscheidungs-
verlauf:

1. Der Aktor verarbeitet die Informationen, die er von seiner
   Umwelt erhält zur subjektiven Ausgangssituation.
2. Er grenzt die zur Auswahl (Entscheidung) stehenden Alternativen ab.
3. Er prognostiziert die jeweiligen Endsituationen, die sich bei
   der Entscheidung (und damit Verwirklichung) der einzelnen
   Alternativen ergeben würden. Er bestimmt also zu jeder Alternative die zugehörige Endsituation oder falls mehrere Endsituationen denkbar sind, die Menge der möglichen Endsituationen (Anstelle von Endsituation spricht man in diesem
   Zusammenhang häufig von Konsequenzen).
4. Er bewertet die Konsequenzen (Endsituationen) im Hinblick
   auf sein Wertsystem, d. h., er gibt an, wie stark er die einzelnen
   Konsequenzen präferiert.
5. Er wählt – häufig mit Hilfe einer Entscheidungsregel – die
   Alternative(n) aus, die ihm am ansprechendsten erscheinen,
   d. h. er entscheidet.

Ehe das eben aufgeführte Modell einer Entscheidung noch forma-
lisiert wird, sollen einige Relativierungen angebracht werden.

1. In der Praxis werden häufig weder die subjektiven und die
   objektiven Ausgangssituationen übereinstimmen, noch die Prognosen (mit deren Hilfe die Konsequenzen der einzelnen zur
   Entscheidung anstehenden Alternativen gefunden werden)
   zutreffend sein.
2. Nicht immer können alle zur Entscheidung tatsächlich anstehenden Alternativen bestimmt werden (es finden Vorentschei-
   dungen statt).
3. In der Realität lässt sich ein Entscheidungsprozess im allgemeinen nicht eindeutig in die hier genannten Phasen zerlegen.

(Es ist z. B. wenig sinnvoll, die erste und die zweite Phase vollkommen getrennt und nacheinander durchführen zu wollen.)

4. Es ist in den meisten Fällen unmöglich, das Wertsystem so genau anzugeben, dass sich von ihm die Bewertung der Konsequenzen (sei es nun vermittels einer Entscheidungsregel oder nicht) in befriedigendem Masse ableiten lässt.

Zum Abschluss soll noch eine Formalisierung des Entscheidungsprozesses angegeben werden. Wir betrachten dabei nur den Fall der Entscheidung unter Gewissheit (Gewissheit bezüglich der Konsequenzen). D. h. wir unterstellen, dass

1. die objektive und die subjektive Ausgangssituation übereinstimmen
2. für jede Alternative nur eine Endsituation als möglich prognostiziert wird
3. alle Prognosen zutreffend sind.

Es sei

$A = \{a_1, a_2, \ldots a_m\}$ die Menge der zur Entscheidung stehenden Alternativen a_i, $i = 1, \ldots, m$

$E = \{e_1, \ldots e_m\}$ die Menge der Endsituationen (Konsequenzen), wobei e_1 die Konsequenz bei der Durchführung der Alternative a_i, $i = 1, \ldots m$ ist.

$B = \{b_1, \ldots b_m\}$ die im Hinblick auf das Wertsystem des Aktors bewerteten Konsequenzen, dabei ist b_i die Bewertung der Konsequenz e_i.

$O = \{o_1, \ldots o_q\}$ ist die Menge der optimalen Alternativen

Abbildung 17: Der Entscheidungsprozess

| Ausgangssituation + Handlungsalternativen | Prognose | E | Bewertung | B | Auswahl der optimalen Alternative (Entscheidung) | O |

Abbildung 18: Der Bewertungsprozess für eine Alternative

Ausgangssituation
+   ——— e_i ——— b_i
a_i Prognose   Bewertung

Abbildung 19: Entscheidungsmatrix   Abbildung 20: Bewertungsmatrix

A╲E	
a_1	e_1
a_2	e_2
.	.
.	.
.	.
a_m	e_m

A╲B	
a_1	b_1
a_2	b_2
.	.
.	.
.	.
a_m	b_m

5.34 Entscheidungen unter Risiko und Ungewissheit

Im obigen Grundmodell der rationalen Entscheidung wurde unterstellt, dass für jede Alternative a_i eindeutig vorausgesagt werden kann, welche Konsequenz (d. h. welche Endsituation) e_i die Wahl der Alternative a_i nach sich ziehen würde. Wir sprechen in diesem Fall von Entscheidungen unter Sicherheit. Diese Annahme kann für viele reale Entscheidungssituationen nicht aufrecht erhalten werden. Das heisst, häufig wird es der Fall sein, dass es mehrere Situationen gibt, die als Konsequenz von a_i auftreten können, ohne dass wir wissen, welche von ihnen tatsächlich eintreten wird. Wir wollen hier die möglichen Endsituationen, die durch die Wahl der Alternative a_i hervorgerufen werden können, als e_{ik} $k = 1, \ldots, m$ bezeichnen. (Vgl. Abb. 21)

Abbildung 21: Mögliche Konsequenzen der Wahl der Aktion a_i

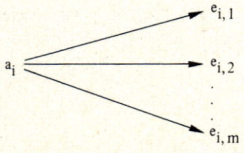

Um diesen Sachverhalt auch im Grundmodell der Entscheidungstheorie erfassen zu können, wird das Modell wie folgt erweitert. Man unterstellt, dass

1. sich bei der richtigen Kenntnis der herrschenden Ausgangssituation (diese wird „Zustand der Welt" genannt), eindeutig voraussagen lässt, welche Situation e_i sich als Folge der Wahl von a_i ergibt,
2. der Aktor der Entscheidung aber nicht weiss, welcher Zustand der Welt herrscht, d. h. die genaue Ausgangssituation seiner Entscheidung nicht kennt,
3. es mögliche Zustände der Welt E_{ji} j = 1, ..., m (Ausgangssituationen) gibt. Zu jeder dieser Ausgangssituationen Z_j existiert für ein gegebenes a_i eine Endsituation eij. (Vgl. Abb. 22)

Abbildung 22: Mögliche Konsequenzen der Wahl der Aktion a_i als Folge von unterschiedlichen Zuständen der Welt

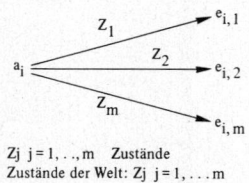

Zj j = 1,..,m   Zustände
Zustände der Welt: Zj j = 1, ... m

Es lassen sich nun zwei Fälle unterscheiden. Der Aktor kennt den wirklichen Zustand der Welt nicht,

1. aber er kann Wahrscheinlichkeiten für das Eintreten eines jeden der möglichen Zustände der Welt angeben. Das heisst für jedes Zj ist die Auftretenswahrscheinlichkeit, die wir mit pj bezeichnen wollen, bekannt. Wir sprechen hier von einer Entscheidung unter Risiko;
2. und er weiss nicht, mit welchen Wahrscheinlichkeiten die möglichen Zustände der Welt auftreten. Entscheidungen dieses Typs werden als Entscheidungen unter Ungewissheit bezeichnet.

Die Abbildungen 23 und 24 zeigen, wie die Entscheidungsmatrix und die Bewertungsmatrix für den Fall der Entscheidung unter Risiko aussehen.

Abbildung 23: Entscheidungsmatrix für Entscheidungen bei Risiko

Aktionen \ Zustände der Welt / Wahrscheinlichkeiten	Z_1 P_1	Z_2 P_2	. . . .	Z_m P_m
a_1	e_{11}	e_{12}	. . . .	e_{1m}
a_2	e_{21}	e_{22}	. . . .	e_{2m}
.	.	.		
.	.	.		
.	.	.		
a_n	e_{n1}	e_{n2}	. . . .	e_{nm}

Abbildung 24: Bewertungsmatrix (Nutzenmatrix) für Entscheidungen bei Risiko

Aktionen \ Zustände der Welt / Wahrscheinlichkeiten	Z_1 P_1	Z_2 P_2	. . . .	Z_m P_m
a_1	b_{11}	b_{12}	. . . .	b_{1m}
a_2	b_{21}	b_{22}	. . . .	b_{2m}
.	.	.		
.	.	.		
.	.	.		
a_n	b_{n1}	b_{nn}	. . . .	b_{nm}

5.35 Zur Relevanz des Grundmodells der rationalen Entscheidung für Planungshandeln

Das Grundmodell der rationalen Entscheidung interpretiert Entscheidungen aus der Sicht von Zweck-Mittel-Handeln und Zweck-Mittel-Rationalität. Es ist — wie bereits gezeigt — an eine Reihe von Prämissen gebunden, die in realen Entscheidungsprozessen nicht oder nur unvollkommen erfüllt sind. Trotz dieser Einschränkungen spielt es für das Planungsdenken eine grosse Rolle, da es den Planer durchaus als Korrektiv auf sein Tun aufmerksam macht, indem es verdeutlicht, dass

- sinnvolle vernunftbezogene Entscheidungen nur bei Kenntnis aller in Frage kommenden Alternativen getroffen werden können,
- an einer Entscheidung vor allem ihre für die Zukunft zu erwartenden Konsequenzen und Folgewirkungen wichtig sind,
- man diese Konsequenzen häufig nur schwer voraussehen kann (Wir treffen in vielen umweltplanerischen Situationen Entscheidungen unter Ungewissheit.),
- entscheiden immer auch bewerten einschliesst, also stets die Frage nach dem einer Entscheidung zugrunde gelegten Wertsystem und der verwendeten Entscheidungsregel zu stellen ist.

Verwirrend kann das Modell wirken, wenn man es zu ernst nimmt und dabei übersieht, dass

- in der Realität nur eine sehr beschränkte Menge von Entscheidungen bei Sicherheit möglich sind (Hierzu zählen vor allem Entscheidungssituationen aus dem Bereich handwerklichen Handelns und der voll beherrschten Technik mit beliebiger Wiederholbarkeit.),
- Konsequenzvoraussagen bestenfalls dann sicher sind, wenn man ihre Richtigkeit bereits genügend prüfen konnte,
- das Modell der Entscheidung unter Risiko formal zwar elegant wirkt, in der Realität aber nur selten anwendbar ist, da es häufig nicht möglich ist, die Auftretenswahrscheinlichkeiten für die „Zustände der Welt" und damit auch für das Auftreten der verschiedenen möglichen Konsequenzen einer bestimmten Aktion zu bestimmen,
- das (realistische) Modell der Entscheidung bei Ungewissheit wenig Anleitungen gibt, wie man die beste Entscheidungsalternative auffinden kann.

5.4   Planung und Bewertung

5.41   *Die Notwendigkeit und die Funktion von Bewertungen in Planungsprozessen*

Überall da, wo wir bewusst Position beziehen, entscheiden, planen, auswählen, werten wir mehr oder weniger offen; d. h. in unserem und unserer Mitmenschen Verhalten lassen sich ständig Wertungen und Werthaltungen beobachten. Dieses Phänomen ist uns allen jedoch so vertraut, dass es nicht nötig ist, es hier weiter auszumalen. Im Folgenden kommt es jedoch vielmehr darauf an, den hinter diesen Phänomenen stehenden Sinn und Zwang zum Werten und zu Werturteilen zu benennen.

Menschen und soziale Gruppen sind stets genötigt, ihre Umwelt selektiv wahrzunehmen, anders können sie der Anzahl der auf sie einstürmenden Impulse nicht Herr werden. Ebenso ist ihr Verhalten und Handeln nur auf der Basis von Selektionen möglich. Das heisst, die Frage nach der Notwendigkeit von Werten und Wertentscheidungen kann auch als Frage nach der Notwendigkeit von Selektionen formuliert werden. Auf der Ebene der Selektion von Wahrnehmungen wirken Werte und Werthaltungen regulativ, indem sie helfen, das jeweils Wichtige vom Unwichtigen, das Relevante vom Irrelevanten zu trennen. Auf der Ebene des Verhaltens und Handelns haben Wertungen und Werthaltungen zweierlei Nutzen, die sie uns unentbehrlich machen. Sie ermöglichen die Auswahl von Handlungen und Verhalten, und sie dienen dazu, beide zu legitimieren.

Ohne die Möglichkeit, wertende Selektionen treffen zu können, stünden wir hilflos vor der Vielzahl möglicher Wahrnehmungen und Verhaltensweisen. Indem wir unsere Werte und Werthaltungen stabilisieren, stabilisieren wir gleichzeitig unsere Art der Wahrnehmung und unser Verhalten. Alltagshandeln und Werten sind somit eng ineinander verflochten. Das gleiche gilt für Planen und Werten. Überall da, wo wir in Planungsprozessen selektieren oder legitimieren müssen, sind wir auf Wertungen angewiesen. Viele der in Planungsprozessen notwendigerweise erfolgenden Klassifikationen, Rangordnungen oder Auswahlentscheidungen beruhen auf Wertungen.

5.42 Die Struktur von Bewertungsverfahren

Bewertungen sind also ein wichtiger Bestandteil von Planungs- und Entscheidungsprozessen. Bewerten ist eine Beziehung zwischen einem wertenden Subjekt und einem gewerteten Objekt (dem Wertträger). (Vgl. *Kraft*, 1951)

Eine Bewertung lässt sich begriffslogisch in drei Komponenten aufspalten:

— die Sachkenntnis (eine Wertung setzt stets voraus, dass der

Bewerter eine — wie auch immer geartete — Sachkenntnis über den Wertträger besitzt, sonst wäre der Wertträger für ihn nicht existent);

— die Stellungnahme (das wertende Subjekt bezieht gegenüber dem Objekt Stellung. Es besteht eine Zu- oder Abwendung in Richtung des bewertenden Objektes);

— das Wertbewusstsein (die Stellungnahme wird jedoch erst zur Wertung, wenn zu ihr noch das Wertbewusstsein hinzukommt, d. h., wenn sich das wertende Subjekt des Sinnes von Lob und Tadel, von Zu- und Abwendung, von positiver oder negativer Stellungnahme bewusst ist und diesen Sinn auch artikulieren kann. Jede Wertung enthält somit eine Stellungnahme, aber nicht jede Stellungnahme ist Teil einer Wertung).

Abbildung 25 stellt die eben aufgezeigte Struktur von Bewertungen dar. Nur sie zeigt, dass am Zustandekommen einer Wertung sowohl ein Wertträger (Objekt) als auch ein wertendes Subjekt (Bewerter) beteiligt sind und dass eine Wertung auf dem Zusammenspiel von Sachkenntnis, Stellungnahme und Wertbewusstsein beruht. Wie und in welcher Kombination sich in konkreten Wertungen Sachkenntnis, Stellungnahmen und Wertbewusstsein vermischen, kann auf der Ebene der allgemeinen, logisch formalen Analyse nicht gesagt werden.

Abbildung 25: Dimensionen einer Wertung

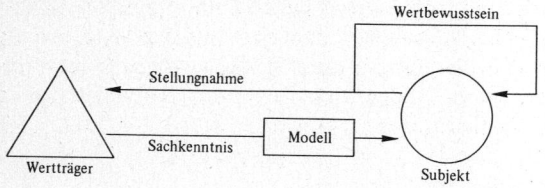

Wertungen lassen sich grob in zwei Klassen einteilen, in

— individualistische Wertungen (sie drücken die Werthaltung aus, die ein Individuum zu einer bestimmten Zeit einem bestimmten Wertträger gegenüber einnimmt, ohne dass der Anspruch der (allgemeinen) Gültigkeit für diese Bewertung erhoben würde),

— Werturteile (Werturteile sind wertende Urteile. Sie beanspruchen (intersubjektive) Gültigkeit und besitzen häufig einen Forderungscharakter).

Der hier für die folgenden Überlegungen wichtige Unterschied zwischen individualistischen Wertungen und Werturteilen besteht darin, dass Werturteilen Geltung zukommen soll. „Geltung bedeutet nach *Victor Kraft* (*Kraft*, 1951, S. 203):

- verbindlich sein
- befolgt werden sollen oder müssen
- Verhalten steuern oder bestimmen.

Damit rücken zwei Aspekte des Begriffes Geltung (bzw. Gültigkeit) in den Vordergrund:

- Geltung versteht sich stets als allgemeine, intersubjektive Geltung. Sie ist in diesem Sinne unpersönlich und unterscheidet sich von der Anerkennung, die einen individuellen Willensakt darstellt,
- Geltung als Allgemeines zielt darauf hin, vom Individuum Anerkennung zu fordern.

Die eben vorgenommene Erklärung des Begriffes Geltung ist unbefriedigend, da aus ihr nicht hervorgeht, wodurch die Geltung eines Werturteils begründet wird. Die Frage nach der Geltungsbasis von Werturteilen ist jedoch nicht einfach zu beantworten. Es gibt eine Reihe von Versuchen, die Geltung von Werturteilen zu fundieren. Keiner dieser Versuche führt auf ein absolutes oder denknotwendiges Gültigkeitskriterium für Werturteile. Ein solches Kriterium — das ja letztlich nichts anderes wäre als ein ausserhalb der Gesellschaft und der sozialen Konflikte existierender Wertmassstab — kann von uns nicht denkend erkannt und damit nicht Fundament wissenschaftlicher Argumentation werden. Die Bildung und Herausbildung von Werten, die sich in realen, sichtbaren Prozessen vollzieht, kann jedoch wissenschaftlich erfasst und diskutiert werden. (Vgl. *Bechmann*, 1978)

Folgt man *Werner Hofmann* (*Hofmann*, 1951 und 1968), der versucht hat, den gesellschaftlichen Wertbildungsprozess zum Ausgangspunkt von Wertgültigkeitsnachweisen zu machen, so kann man es unternehmen, abgehend von den Versuchen die Gültigkeit eines Werturteils an einem starr vorgegebenen Kriterium zu beweisen, Werturteile auf ihre gesellschaftliche Verbreitung, auf die sich in ihnen ausdrückenden gesellschaftlichen Interessen, auf ihre politische Durchsetzbarkeit, auf ihre Entstehungsgeschichte ... usw. hin zu befragen, um damit ihre — insbesondere für alle politische Planung wichtige – gesellschaftliche Entstehungsgeschichte und Verankerung zu erfassen.

In Planungsprozessen werden Wertträger (d. h. zu bewertende Objekte) häufig durch Bewertungsverfahren bewertet. Bewertungsverfahren sind Verfahren, die Bewertungsvorgänge sowohl formal als auch inhaltlich strukturieren und reglementieren. Bedenkt man, dass man vorstrukturierte, nach bestimmten Regeln ablaufende Handlungsprozesse im allgemeinen als Verfahren bezeichnet, so sind Bewertungsverfahren operationalisierte (d. h. rezeptähnlich ausformulierte) „Anweisungen" für Handlungsprozesse, die eine vergleichende, ordnende oder quantifizierende Einstufung von Objekten nach Wertgesichtspunkten zum Ziel haben. Diese Einstufung erfolgt durch das wertende Subjekt. Das wertende Subjekt kann im Regelfall jedoch nicht den Wertträger als empirische Totalität, d. h. in allen seinen Sacheigenschaften erfassen. Es wird sich vielmehr die im Hinblick auf das Bewertungsanliegen wichtigsten Eigenschaften herausgreifen; es bildet den Wertträger problembezogen ab. Das wertende Subjekt legt also seiner Bewertung genaugenommen nicht den realen Wertträger, sondern ein Modell des Wertträgers zugrunde. Auch dies ist in Abbildung 25 ansatzweise wiedergegeben.

In Planungsprozessen können Bewertungsverfahren daher unter drei Gesichtspunkten thematisiert werden. Um eine Bewertung zu analysieren und zu verstehen kann man fragen:

- wie wird der Wertträger modelliert (durch welches Modell wird der reale Wertträger abgebildet?)
- auf welcher Wertbasis wird die Bewertung durchgeführt (welches Wertbewusstsein liegt dem Bewertungsvorgang zugrunde?)
- welche Rolle spielt das Bewertungsverfahren im Planungsprozess, wie fügt es sich in diesen ein?

Unter den Planungsmethoden nehmen die Bewertungsverfahren einen hervorragenden Platz ein. Jeder Planer sollte daher in der Lage sein, Bewertungsverfahren unter theoretischen und praktischen Gesichtspunkten analysieren zu können, um so im Planungsgeschehen das „richtige" Bewertungsverfahren an der „richtigen" Stelle einsetzen zu können.

Bewertungsverfahren dienen also dazu, Wertträger zu klassifizieren, zu ordnen oder hinsichtlich ihres Wertes zu quantifizieren. Bewerten bedeutet daher unter formalen Gesichtspunkten stets auch das Anordnen von Objekten auf Skalen. (Aus rein formaler Sicht lassen sich daher Werten und Messen so gut wie nicht unterscheiden. (Vgl. *Bechmann*, 1978, S. 205 ff.)) Da aus der Sicht des Planers der Umgang mit Skalen für den Umgang mit Bewertungsverfahren von zentraler Bedeutung ist, wird im folgenden Abschnitt ein knapper Überblick über die formalen Struktureigenschaften von Skalen gegeben.

5.43 Skalen

5.431 Quantifizieren

Durch Bewertungen und ebenso durch Messungen werden Objekten Zahlen (allgemeiner Prädikate) zugeschrieben. Dieser Vorgang sei im weiteren als Quantifizieren bezeichnet. (Vgl. Abb. 26)

Abbildung 26: Der Quantifizierungsvorgang

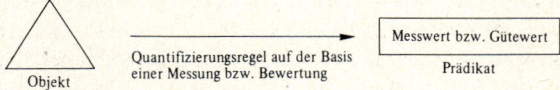

Objekt → Quantifizierungsregel auf der Basis einer Messung bzw. Bewertung → Messwert bzw. Gütewert / Prädikat

Jedes Objekt hat „an sich" nur qualitative Eigenschaften. Eine Unterscheidung zwischen qualitativen und quantitativen Phänomenen beruht daher keineswegs auf ontologischen Gegebenheiten, d. h., sie ist nicht „naturbedingt". Sie findet vielmehr erst auf der sprachlichen Ebene, durch das seine Umwelt betrachtende Subjekt, statt. Echt quantitative Ausdrücke vermitteln häufig mehr Information als qualitative. (Bei unkorrekter Verwendungsweise führen sie jedoch zu informationsleeren Aussagen und beeinträchtigen jedwede Kommunikation. Sie werden stets dann unkorrekt verwendet, wenn die quantifizierten Eigenschaften eines Objektes nicht die dem verwendeten quantitativen Ausdruck angemessene Struktur besitzen.)
Unter einer Quantifizierung versteht man zunächst die an eine Regel oder Operation gebundene Zuordnung von Zahlen zu Objekten (bzw. Objekteigenschaft). Die Zuordnungsregel (-operation) heisst Quantifizierungsvorschrift.

Die Quantitäten können durchaus verschieden viel Information über die ihnen zugrunde liegenden Qualitäten (Objekte, Objektmerkmale) vermitteln, d. h. die Masszahlen können:

1. lediglich als Bezeichnungen für Objekte (Objekteigenschaften) verwendet werden;
2. darüber hinaus strukturelle Beziehungen zwischen den durch sie repräsentierten Grössen wiedergeben.

Die Zahl, die einem bestimmten Objekt oder einem seiner Merkmale infolge einer Quantifizierung zugeordnet wird, heisst Masszahl. Wird eine bestimmte Objekteigenschaft quantifiziert, so nennt man sie Dimension der Quantifizierung.

Die Zahlen stehen untereinander in einer Vielfalt von mathematischen Beziehungen. Aus der festgefügten Struktur der Zahlkörper erwächst bei einer Quantifizierung insofern ein Problem, als zwischen den quantifizierten Qualitäten nicht all die Relationen gelten, die zur Struktur des verwendeten Zahlkörpers gehören. (Es kann und wird also vorkommen, dass z. B. nicht alle Eigenschaften der reellen Zahlen zwischen ihnen gültig sind.) Bei einer sinnvollen Quantifizierung muss somit stets sichtbar sein, welche der Struktureigenschaften des Zahlkörpers auch zwischen den mit Masszahlen belegten Objekten (Objekteigenschaften) gültig sind. Dabei meint der Begriff „Gültigkeit" an dieser Stelle, dass es sich um empirisch zutreffende oder um durch Werturteile gut fundierte Relationen handelt.

Die Herstellung der Verbindung von Objekteigenschaften mit Zahleigenschaften geschieht durch die Angabe der Skala, auf der die Quantifizierung erfolgt.

Unter einer Skala versteht man eine Menge von Relationen, die ihrer Form nach sowohl zwischen den quantifizierten Objekten (Objekteigenschaften) als auch zwischen den zur Quantifizierung benützten Masszahlen besteht. (Das heisst, eine Skala repräsentiert genau die Menge aller Beziehungen bezüglich der die quantifizierten Objekte oder Objektmerkmale isomorph (gleichgestaltig) zu den ihnen zugeordneten Masszahlen sind). Eine Quantifizierung ist im allgemeinen um so informativer, je mehr solcher Relationen bestehen.

Ordnet man die Skalentypen nach ihrem Informationsgehalt (d. h. nach der Menge und der Art der Relationen durch die sie charakterisiert werden), so ergibt sich folgende aufsteigende Reihe.

1. Norminalskala
2. Ordinalskala
3. Kardinalskalen

5.432 Struktureigenschaften von Skalen

Unter den Struktureigenschaften einer Skala versteht man die Relationen, die sowohl zwischen den bei der Quantifizierung verwendeten Zahlen (formalen Zeichen) als auch zwischen den quantifizierten (gemessenen, bewerteten) Eigenschaften der Objekten (Handlungsalternativen) bestehen.

Im folgenden wird nicht zwischen Quantifizierung, Messung und Bewertung unterschieden. Für alle drei Begriffe wird der Einfachheit halber der Begriff Quantifizierung verwendet.

Dient die Quantifizierung lediglich dazu, die Objekte oder eines ihrer Merkmale zu klassifizieren, so heisst die ihr zugrunde liegende Skala Nominalskala. Die Quantifizierung auf einer Nominalskala ist durch zwei Eigenschaften gekennzeichnet.

1. Trennschärfe der Klasseneinteilung
   (Das heisst kein Objekt bzw. keine Objekteigenschaft gehört gleichzeitig zwei verschiedenen Klassen an und bekommt zwei verschiedene Masszahlen zugeordnet.)
2. Vollständigkeit der Klasseneinteilung
   (Das heisst jedes Objekt bzw. jede Objekteigenschaft fällt in eine der Klassen und wird tatsächlich mit einer Masszahl belegt.)

Die Ordinalskala besitzt die Eigenschaft der Nominalskala, und sie spiegelt darüber hinaus eine Ordnungsrelation zwischen den quantifizierten Objekten wider. Eine Menge von Objekten ist also auf einer Ordinalskala quantifizierbar, wenn für je zwei Objekte entschieden werden kann, ob sie entweder gleichwertig sind oder ob eines höherwertiger als das andere ist. Die Quantifizierung auf einer Ordinalskala setzt die Möglichkeit zu Gütevergleichen voraus. (Es können also zwischen den Objekten Vergleiche der Art „besser-schlechter", „höher einzustufen — niedriger einzustufen" durchgeführt werden.) Urteile über die Grösse der Güteunterschiede (Güteabstände) lassen sich auf einer Ordinalskala nicht fällen. (Die Moh'sche Härteskala ist beispielsweise eine Ordinalskala. An ihr kann das hier Gesagte gut verdeutlicht werden. Das Objekt a_1 ist genau dann Vorgänger von a_2, wenn a_2 härter als a_1 ist.)

Bieten die strukturellen Beziehungen zwischen den zu quantifizierenden Objekten (Objekteigenschaften) nicht nur die Möglichkeit zur Klassifizierung und Ordnung, sondern erlauben sie sogar die Einführung eines Abstandbegriffes, so spricht man von einer Quantifizierung bezüglich von Kardinalskalen (Metrisierung). Die Abstandseigenschaft kann in unterschiedlichem Grad erfüllt sein. An Hand der Stärke ihrer Ausprägung unterscheidet man vier Arten von Kardinalskalen: Intervallskala, Verhältnisskala, Differenzskala und absolute Skala, von denen die Intervall- und die Verhältnisskala für Planer am wichtigsten sind. Nur sie sollen daher hier kurz angesprochen werden. (Eine exakte Charakterisierung aller vier Skalen findet sich bei (*Bechmann*, 1978).

Eine Menge von Objekten ist auf einer Intervallskala quantifiziert, wenn Aussagen über die Grössen- bzw. Gütedifferenzen zweier Objekte gemacht werden können, aber die Lage des Nullpunktes und die Grösse der Masseinheit nicht aus Objekteigenschaften ableitbar sind. Das am häufigsten genannte Beispiel einer Quantifizierung auf einer Intervallskala ist die klassische Temperaturmessung in Grad Celsius, Fahrenheit und Reaumur. (Die drei Quantifizierungsverfahren sind Temperaturmessung nach Celsius, Fahrenheit und Reaumur.) Die Abbildung der Masszahlen aufeinander erfolgt durch:

a) Celsius   Fahrenheit

$x^° \text{Ce}$ $= 9/5\, x + 32^° \text{ F}$
d. h. $f(x)$ $= 9/5\, x + 32$

b) Celsius   Reaumur

$x^° \text{Ce}$ $= 4/5\, x^° \text{ Re}$
d. h. $f(x)$ $= 4/5\, x$

c) Reaumur   Fahrenheit

$x^° \text{Re}$ $= 9/4\, x + 32^° \text{ F}$
d. h. $f(x)$ $= 9/4\, x + 32$

Verhältnisskalen unterscheiden sich von Intervallskalen dadurch, dass bei ihnen die Wahl des Skalennullpunktes durch die Objekteigenschaften vorgegeben ist. Beispiele für Verhältnisskalen sind Längen- und Gewichtsmasse. Auch Geldwährungen gehören zu dieser Kategorie.

5.5 Organisationsformen von Planungsprozessen

Planungsprozesse haben zwei wesentliche organisatorische Bezüge
— die interne Organisation (die einzelnen Handlungsschritte und Spezialistenfunktionen, die von unterschiedlichen Personen wahrgenommen werden, sind zu einem Ganzen zusammenzufügen)
— die organisatorische Einbettung des Planungsprozesses in seine gesellschaftliche Umgebung
Die Qualität der Zusammenarbeit zwischen Planern in einem gemeinsamen Planungsprozess ist von einer Reihe von Faktoren abhängig. Sie ist ein Resultat von
— gruppendynamischen Prozessen zwischen den zusammenarbeitenden Planern,
— des Führungsstils, der innerhalb der Planungsgruppe angewandt wird,
— der Kooperationsbereitschaft der einzelnen Mitglieder in der Planungsgruppe,
— der Kommunikation innerhalb der Planungsgruppen,
— der Informationsübertragung von der Umwelt zur Planungsgruppe und umgekehrt,
— dem Rollenverhalten innerhalb der Planungsgruppe,
— dem Arbeitsgleichtakt und dem Leistungsvermögen der einzelnen Planer, die zur Planungsgruppe zusammengefasst sind.
Abbildung 27 stellt drei verschiedene Modelle dar, nach denen Planer zu einer Planungsgruppe zusammengefasst werden können.

Abbildung 27: Organisationsmodelle von Planungsgruppen

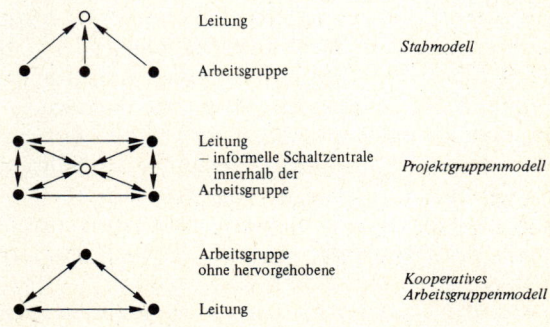

✗ Das Stabmodell (In ihm findet eine hierarchische Leitung statt. Das Projekt wird von einer Zentrale her straff und autoritär geleitet. Die einzelnen Mitglieder der Planungsgruppe unterstehen der Zentrale, sind von ihr weisungsabhängig und arbeiten direkt auf sie bezogen. Eine organisierte Kommunikationsstruktur zwischen den einzelnen Mitgliedern der Planungsgruppe gibt es nicht.)

✗ Das Projektgruppenmodell (Die Leitung ist die informelle Schaltstelle, in der alle Informationen zusammenfliessen und die alle Arbeitsschritte koordiniert und abstimmt. Sie steuert zugleich auch den Inhalt und die Vorgehensweise im Planungsprozess. Allerdings ist hier die hierarchische Überordnung der Leitung nicht so stark ausgeprägt und es kommt hinzu, dass zwischen den einzelnen Mitgliedern der Planungsgruppe Kommunikationsbeziehungen bestehen, deren Ergebnisse von der Leitung aufgegriffen werden und die den weiteren Ablauf des Planungsprozesses sowie seine Struktur beeinflussen können.)

✗ Das kooperative Arbeitsgruppenmodell (Es gibt keine Leitung. Alle Mitglieder der Planungsgruppe sind gleichberechtigt und stimmen ihre Arbeiten gemeinsam miteinander ab.)

Jedes dieser Modelle hat wichtige Vor- und Nachteile. Diese sollen hier jedoch nur noch kurz angerissen werden.

Das Stabsmodell hat den Vorteil, dass in ihm alle Kompetenzen und Zuständigkeiten eindeutig geregelt sind und alle Informationen an einer Stelle zusammenfliessen. Auch Entscheidungsprobleme lassen sich innerhalb des Stabsmodells relativ leicht lösen. Sein gravierender Nachteil liegt darin, dass die Zentralisierung von Entscheidungen dahin führen kann, dass Entscheidungen getroffen werden, die nicht aus Gründen der Vernunft, sondern aus Gründen der autoritären Macht zustandekommen, d. h. dass die Leitung Entscheidungen trifft, die aufgrund von Informationen, die einzelnen Arbeitsgruppenmitgliedern zur Verfügung stehen, unvernünftig sind. Dies kann geschehen, weil die Leitung sich um Einwände oder Anregung der untergeordneten Mitglieder der Planungsgruppe nicht zu kümmern braucht.

Das andere Extrem ist das kooperative Arbeitsgruppenmodell. In ihm herrscht Gleichberechtigung, jeder Einwand und jede Anregung muss von allen aufgegriffen und beachtet werden, aber es kann vorkommen, dass Entscheidungen aufgrund von Meinungsverschiedenheiten nicht oder zu spät gefällt werden. Hinzu kommt, dass in die notwendig werdenden Abstimmungsprozesse sehr viel Energie investiert werden muss, die dann bei der Planung an anderer Stelle fehlt.

Das Projektgruppenmodell stellt eine Kombination bzw. einen Kompromiss zwischen den bisher betrachteten Modellen dar. In ihm gibt es eine Leitung, die die Entscheidungsfindungen erleichtert, aber diese Leitung kann sich nicht von den Projektgruppenmitgliedern ohne weiteres isolieren. Sie ist zudem gezwungen, Einwände und Anregungen aufzunehmen, die von den nicht zur Leitung gehörenden Projektgruppenmitgliedern gemacht werden. Es herrscht eine durch Kompetenz strukturierte Kommunikation.

5.6 Zeit als Planungsressource

Zeit ist eine wichtige und in ihrer Bedeutung für Planungsprozesse oft unterschätzte Ressource. Jede Teiltätigkeit innerhalb einer Planung verbraucht Zeit. Der Zeitablauf ist ein irreversibler Prozess. Zeit, die verflossen ist, ist unwiederbringlich dahin.

Planungen sind Handlungen, die etwas bewirken sollen. Sie sind zukunftsorientiert. Planungen benötigen Zeit und sie sollen nach einer bestimmten Zeit zu Handlungen führen, die die Zukunft im Hinblick auf die der Planung zugrunde gelegten Ziele verändern. Zeit spielt in Planungen folglich in doppelter Weise eine Rolle:

- als Zeitstruktur innerhalb des Planungsprozesses (Jede Teiltätigkeit einer Planung benötigt Zeit. Die Zeit, die ein Gesamtplanungsprozess verbraucht, setzt sich aus den für die planerischen Teilhandlungen notwendigen Zeitintervallen zusammen. Soll eine Planung innerhalb eines vorgegebenen Zeitraumes bewältigt werden, so darf jede der notwendigen planerischen Teilhandlungen nur soviel Zeit verbrauchen, dass das Zeitintervall, welches durch das Zusammenfügen der Teilzeiten entsteht, nicht grösser als der anvisierte Planungszeitraum ist.)

- als Zeithorizonte (Zeithorizonte geben an, wann eine bestimmte Phase abgeschlossen ist. Nach Abbildung 28 können wir drei Zeithorizonte unterscheiden: den Planungshorizont, den Realisierungshorizont und den Wirkungshorizont einer Planung.)

Abbildung 28: Zeithorizonte von Planungen

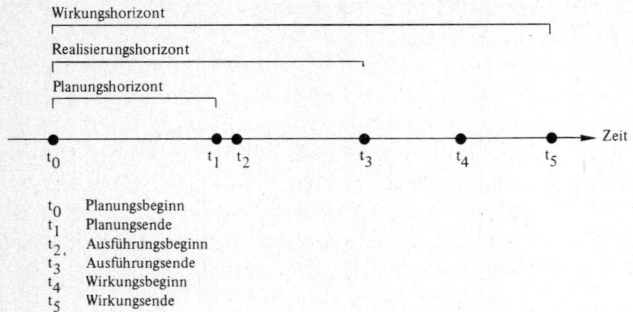

Der Planungshorizont bezeichnet die Zeit, die mit dem Planungsende abgelaufen ist. Der Realisierungshorizont endet am Zeitpunkt der Planungsrealisierung, und der Wirkungshorizont umreisst die Zeit, bis keine Wirkung mehr von dem realisierten Planungsvorhaben ausgeht.

Es ist offensichtlich, dass diese drei Zeithorizonte in der Regel weit auseinanderfallen. Planer sind zwar mit dem Planungshorizont häufig vertraut, aber über den Wirkungshorizont ihrer Planungen denken sie selten nach. Aus der Irreversibilität von Zeit und der Tatsache, dass jede Handlung Zeit beansprucht, lässt sich erkennen, wie wichtig der Umgang mit Zeit für den Planer ist.

Verbraucht er beispielsweise in den Anfangsstadien eines Planungsprozesses zuviel Zeit, so wird er diese Zeit in der wichtigen Endphase einsparen müssen. Dies geht im allgemeinen zu Lasten der Qualität der Planung.

Die eben kurz und sehr abstrakt skizzierte Bedeutung der Zeit für Planungsprozesse macht es verständlich, dass eine Reihe von Methoden entwickelt wurden, mit deren Hilfe der Planer seinen Zeitverbrauch strukturieren, bilanzieren und überschaubar machen kann.

6.1   Sinn und praktische Relevanz von Planungsmethoden

Planung ist Handlung und bereitet Handlung vor. Die gedankliche Auseinandersetzung mit Planung kann sich daher nicht nur auf das Wofür (Zielsetzung, angestrebte Veränderung) oder das Warum (Begründung dafür, warum so und nicht anders geplant wird) ausrichten, sondern sie wird immer auch die Frage nach dem Wie (Methoden, Techniken) einbeziehen. Diese Wie-Frage steht allen Operationalisierungsprozessen voran. Sie lässt sich in unterschiedlichen Zusammenhängen und auf unterschiedlichen Ebenen (d. h. unter verschiedenen inhaltlichen Bezügen und auf Ebenen mit unterschiedlichem Abstraktionsgrad) formulieren, so z. B. als Frage: wie erreicht man eine bestimmte angestrebte Situation, durch welche Techniken bzw. mit Hilfe von welchen Instrumenten?

Planungsmethoden und -techniken beinhalten stets Antworten auf Wie-Fragen, d. h. Antworten auf die Frage, mit welcher Technik und mit welchen Methoden ein bestimmtes Planungsproblem gelöst werden kann? Solche Planungsprobleme sind z. B. das Informationsproblem oder das Bewertungsproblem.

Planungsmethoden und Planungsverfahren sind gewissermassen als eine Art von Rezepten anzusehen, die planerisches Arbeiten erleichtern. Sie enthalten in der Regel eine formalisierte Handlungsanweisung, nach der der Planer ein bestimmtes Planungsproblem lösen kann. Es kann sich dabei um Fragen der Prognose, der Informationsverarbeitung oder auch der Bewertung handeln. Planungsmethoden sind daher stets direktiv, d. h. sie enthalten Anweisungen des Typs: tue erst das ... dann das ... usw. Richtet sich der Planer nach diesen Anweisungen, so wird das Ergebnis seines Tuns in der Regel — zumindest in formaler Hinsicht — eine Problemlösung darstellen. Dies impliziert allerdings noch in keiner Hinsicht, dass das Problem auch auf inhaltlicher Ebene gelöst ist. Planungsmethoden haben durchaus Ähnlichkeiten mit Kochrezepten, denn die Anwendung eines Kochrezeptes garantiert zunächst nur, dass die Zutaten im Topf und nicht angebrannt sind. Ob die Mahlzeit schmackhaft ist oder ob der Konsument sich darüber freut, lässt sich erst bei der Nutzung, d. h. beim Verspeisen des Gerichtes feststellen.

Für Planungsmethoden gilt allgemein, dass

- jede von ihnen in formaler Hinsicht zu einer bestimmten Problemlösung führt,
- ihre Durchführung auf einzelnen wohldefinierten Arbeitsschritten aufbaut, die korrekt und in der richtigen Reihenfolge durchgeführt werden müssen,
- ein Ergebnis ihrer Anwendung stets auch daraufhin zu überprüfen ist, ob es die Planungsproblematik angemessen erfasst, für deren Lösung die betreffende Planungsmethode eingesetzt wird.

Planungsmethoden sind formalisierte, rezeptähnlich ausformulierte Handlungsanweisungen. In Planungsprozessen kommen ihnen unterschiedliche Funktionen zu:

- Sie machen planerisches Handeln im vornhinein kalkulierbar, da sich in ihnen die einzelnen Schritte, die zur Lösung eines bestimmten Planungsproblems notwendig sind, überschaubar darstellen.
- Sie geben dem Planer eine Hilfe und Anleitung, sich in komplexen Situationen zurecht zu finden, d. h. sie helfen für den Planer, Komplexität zu reduzieren.
- Sie enthalten für den Planer eine Arbeitsanleitung, in der die gewonnene Erfahrung anderer Planer aufgehoben ist und weitergegeben wird.
- Der Einsatz einer bestimmten Planungsmethode führt zu einer bestimmten Problemlösung. Die Verwendung von Planungsmethoden „garantiert" damit dem Planer — zumindest in formaler Hinsicht —, dass ein bestimmtes Planungsproblem gelöst wird. So führen z. B. Bewertungsmethoden allemal zu einer Einstufung der zu bewertenden Objekte.
- Planungsmethoden bieten aufgrund ihrer Schematisiertheit die Möglichkeit, auf regelhafte Aspekte der Umwelt sozusagen automatisch mit fest umrissenen planerischen Handlungen zu reagieren; auf bestimmte Planungsprobleme, die immer wieder auftreten, wird mit bereits entwickelten Planungsmethoden relativ automatisch eine Lösung gegeben. Problem, Planungsmethode und erarbeitete Lösung können daher in erster Nähe-

116

rung als potentielles Reiz- und Reaktionsschema gedeutet werden.

Planungsmethoden besitzen daher zwei Seiten:

— Sie erleichtern Problemlösungen, indem sie dem Planer in einzelne Arbeitsschritte zergliederte Handlungsanweisungen offerieren.

— Rein mechanistisch angewandt können sie jedoch Unheil anrichten. Dies geschieht immer dann, wenn sie am falschen Platz eingesetzt werden oder wenn das mit ihnen erzielte Ergebnis falsch interpretiert wird. Es lässt sich jedoch nicht ohne sichere Methodenkenntnis und inhaltlichen Sachverstand entscheiden, wann dies der Fall ist.

6.2   Planungsmethoden als technische Handlungen

In einem allgemeinen Sinn kann man alle „zielgerichteten Massnahmen, durch die Prozesse der materiellen Welt für menschliche Zwecke benutzbar gemacht werden" (Rapp, 1977, S. 376) als technische Handlungen bezeichnen. Aus dieser Perspektive springen Strukturähnlichkeiten zwischen technischem Handeln und Planungshandeln ins Auge. Insbesondere Planungsmethoden und Planungsverfahren lassen sich als Anleitungen für technische Handlungen interpretieren, d. h. Planungsmethoden sind im vornhinein strukturierte Zweck-Mittel-Handlungen.

Abbildung 29 gibt das Grundmuster technischer Handlungen an, in denen ein Subjekt unter gewissen Absichten und Zielen auf ein Objekt einwirkt, um diesen Absichten und Zielen entsprechend Zustandsänderungen des Objektes hervorzurufen.

Abbildung 29: Grundmuster technischer Handlungen

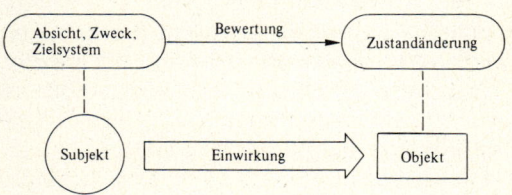

An dieser Stelle soll jedoch nicht auf die Struktur technischer Handlungen detailliert eingegangen werden. Das in Abbildung 29 vorgestellte Modell soll lediglich den Zusammenhang zwischen technischen Handlungen und Planungsmethoden verdeutlichen und eine Hilfe zum Verständnis der Struktur von Planungsmethoden bieten. Planungsmethoden sind immer zugleich subjekt- und objektbezogen. Das Subjekt, (d. h. der Anwender) einer Planungsmethode, wird in der Regel zu anderen an der Planung beteiligten Subjekten im Verhältnis der Arbeitsteilung stehen und besondere Spezialfertigkeiten bzw. -kenntnisse besitzen. Die Einwirkungen, die der Einsatz einer Planungsmethode hervorruft, dürfte in der Regel in der Transformation und Speicherung von Information bestehen. Objekte von Planungsmethoden sind dem Planer vorliegende Informationen oder ihm vorgegebene Planungsprobleme. Der Einsatz einer Planungsmethode ruft in der Regel eine Veränderung dieser Objekte hervor. Ob diese Zustandsänderung als erwünscht oder unerwünscht anzusehen ist, lässt sich nur durch eine Bewertung, d. h. durch die evaluierende Kontrolle des Einsatzes der betreffenden Planungsmethode, entscheiden. Auch die Effizienz stellt einen Massstab zur Beurteilung von Planungsmethoden dar. Sie drückt aus, inwieweit die verwendete Planungsmethode in formaler bzw. inhaltlicher Hinsicht die in sie gesetzten Erwartungen erfüllt hat.

Ebenso wie technische Handlungen sind auch Planungsmethoden ein Produkt von Arbeitsteilung und Spezialisierung. Sie werden von Spezialisten für Nicht-Spezialisten (Betroffene, Beplante) im Auftrag und unter Kontrolle von ebenfalls Nicht-Spezialisten (private Auftraggeber, politische Entscheidungsträger) verwendet. Ihr Einsatz steht damit allemal in einem sozialen Bezug. Dieser kann zwar beim Erlernen und bei der konkreten, unmittelbaren Anwendung einer Planungsmethode vernachlässigt werden, er darf keineswegs aber bei der Beurteilung ihrer Verwendung oder bei der Interpretation der mit ihr erzeugten Ergebnisse ausser Acht gelassen werden. Nur in ihm offenbart sich, ob, inwieweit und für wen der Einsatz der betreffenden Planungsmethode nützlich ist.

6.3 Erläuterungen zu den Begriffen Instrument, Methode und Verfahren

Die Begriffe Instrument, Methode und Verfahren bezeichnen allgemeine Handlungsstrategien zur Veränderung von Situationen (sie sind Einwirkungsformen im Sinne von Abb. 29). Eine sinnvolle Abgrenzung dieser Begriffe ist nur möglich, wenn die Struktur der Handlungssituation, auf die sie sich bezieht, mitgedacht wird. Den folgenden Überlegungen werden der Einfachheit halber nur zwei abstrakte Modelle von Handlungssituationen zugrunde gelegt:
— Zweck-Mittel-Handlungen
— Interaktionen.

Das Modell der Zweck-Mittel-Handlungen ist bereits in Abschnitt 4 ausführlich dargestellt worden. Es wird daher hier nicht erneut aufgegriffen.

Handlungen mehrerer Subjekte, die in einem Kontext oder Sinnzusammenhang stehen, werden hier als Interaktion bezeichnet. Die Beziehung zwischen den Subjekten wird dabei durch Kommunikation hergestellt (Kommunikation kann in der Form von Ausdruck, Wahrnehmung, Geste, Sprache, Handlung . . . stattfinden).

Jedes der interagierenden Subjekte kann seine eigene Handlung als Zweck-Mittel-Handlung interpretieren. Die Handlungen der anderen werden dann vom Standpunkt dieses Subjektes als Aussenwirkungen erfasst. (Vgl. Abb. 30)

Als Instrumente sollen hier Mittel im Sinne des Zweck-Mittel-Schemas verstanden werden. Instrumente sind damit — wie auch immer ausgeprägt — Behelfe, die ein Subjekt einsetzt, um ein anvisiertes Ziel zu erreichen. Sie enthalten Handlungsanweisungen im Hinblick auf die Erreichung von Zielen. Bei diesen Handlungsanweisungen kann es sich um Rezepte, Heuristiken, Regeln, Techniken und Methoden handeln, mit deren Hilfe eine Situation manipuliert und verändert werden kann. (Vgl. Rittel, 1969)

Methoden sind spezielle Typen von Instrumenten. Als Methode bezeichnet man gewöhnlich ein System von Regeln, deren Befolgung von einer bestimmten Ausgangssituation zur Erreichung einer bestimmten Endsituation (einem Ziel) führt, d. h.
— Methoden sind zielgerichtet.
— Methoden enthalten Handlungsanweisungen. Sie sind mehr oder weniger operationalisiert.

Abbildung 30: Das Grundmuster einer Interaktion

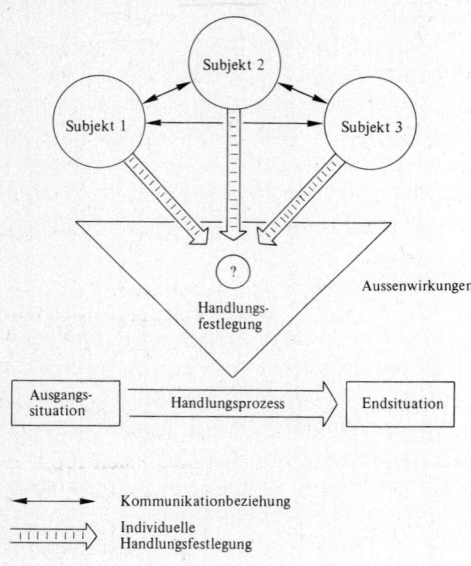

— Der sinnvolle Einsatz einer Methode ist an eine bestimmte Struktur der Ausgangssituation und an ein bestimmtes vorgegebenes Ziel (ein zu lösendes Problem) gebunden, d. h. es gibt keine „universelle" Methode.

Bevor im folgenden auf den Begriff des Verfahrens eingegangen wird, sollen einige Begriffe, die der Typisierung von Methoden dienen können, angesprochen werden.

Methoden können in unterschiedlichem Mass operationalisiert bzw. rezeptähnlich ausformuliert sein. Es soll hier zunächst ganz grob unterschieden werden zwischen

— methodischen Arbeitsweisen und
— operationalisierten Arbeitsmethoden.

Operationalisierung kann dabei auf zwei — durchaus miteinander zu vereinbarenden Wegen — erreicht werden, und zwar durch

— die Formalisierung des Produktes des Arbeitsvorganges (z. B. die formale Struktur einer Nutzwertanalyse oder einer Input-Output-Analyse stellen solche formalisierten Produkte dar),

120

– die Schematisierung des Arbeitsvorganges. (Beispiel hierfür sind das Abhaken einer Check-Liste oder die Durchführung einer Delphi-Befragung).

Der Begriff der methodischen Arbeitsweise wird hier fast synonym mit dem Begriff Heuristik verwendet. Als methodische Arbeitsweise wird ein zielgerichtetes Vorgehen verstanden, dem allgemeine Regeln zugrunde liegen, ohne dass diese jedoch das Verhalten des Handelnden vollständig festlegen oder einengen. (Es findet keine Schematisierung statt.)

Im Hinblick auf Planung kann man drei Formen des methodischen Arbeitens unterscheiden:

– *intuitives Vorgehen*. Aufbauend auf Erfahrungen wird, ohne nach bestimmten vorgegebenen Verfahrensregeln vorzugehen, eine Problemlösung entwickelt. Erfahrung kann dabei heissen: „gesunder Menschenverstand", Können des Fachspezialisten, Kunst des Meisters . . . Der Erfolg intuitiven Vorgehens ist sehr von den Fähigkeiten des jeweils Handelnden abhängig. Es besteht die Gefahr, dass „Schlechtes" sich reproduziert, aber auch die Chance, dass „Ungewöhnliches" entsteht. (Vgl. Abb. 31)

Abbildung 31: Intuitives Handeln

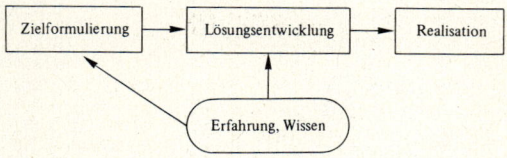

– *iteratives Vorgehen*. Interatives Vorgehen stellt eine Erweiterung des intuitiven Vorgehens dar, indem an dieses eine Kontrollphase angeschlossen wird. Die gefundene Lösung wird einer Bewertung nach vorgegebenen Kriterien und Massstäben unterzogen, aufgrund deren sie verworfen, verändert oder akzeptiert werden kann. Dieses Vorgehen bietet die Chance, der gezielten Kontrolle der Lösungsqualität. Die Lösungsfindung bleibt weiter „personenbezogen", die Lösungsbewertung hingegen ist „massstabsbezogen". Iterative Vorgehensweisen sind unter Effizienzgesichtspunkten diskutierbar. Allerdings kann die Massstabsbezogenheit auch negative Folgen haben, indem sie Kreativität eindämmt. (Vgl. Abb. 32)

Abbildung 32: Iteratives Handeln

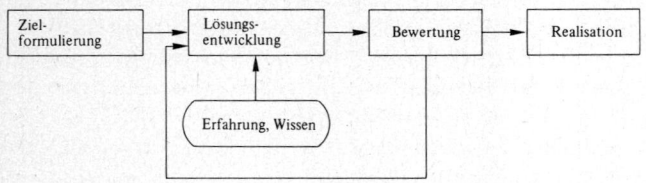

✗ *systematisches Vorgehen.* (Es hat seinen Ausgangspunkt im Misstrauen gegenüber Intuition. Nach einem möglichst festen Rezept werden alle auffindbaren Problemlösungen gesucht. Durch eine Bewertung der gefundenen Problemlösungen wird die optimale Problemlösung ermittelt. Die Lösungsfindung ist hier relativ personenunabhängig und die Bewertung ist massstabsabhängig. Der Vorteil dieses Vorgehens liegt in der Chance, die „beste" Problemlösung zu finden; der Nachteil dürfte im hohen Zeit- und Informationsaufwand zu sehen sein, den eine systematische Lösungssuche in der Regel erfordert. (Vgl. Abb. 33)

Abbildung 33: Systematisches Handeln

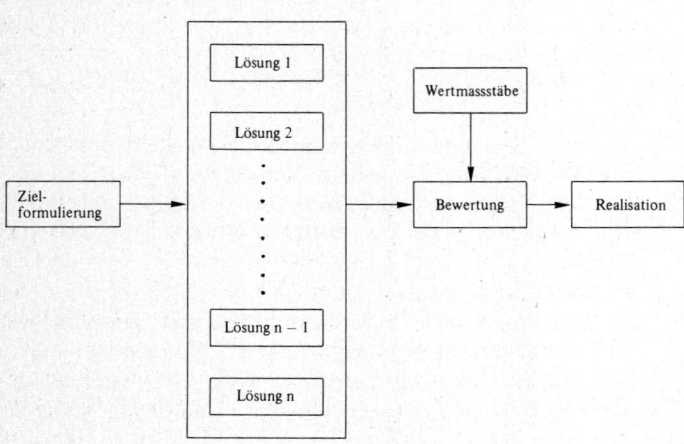

Planungsmethoden können unterschiedliche Betrachtungsweisen zugrunde liegen, und sie können auf verschiedenen Denkformen beruhen. Auf der Ebene der Betrachtungsweisen lassen sich die analytische und die ganzheitliche polar gegenüberstellen:

- *analytisches Vorgehen:* Das zu untersuchende „Ganze" wird in Teile aufgesplittert. Die Teile werden isoliert untersucht, und das Wissen über das „Ganze" wird aus dem Wissen über die Teile zusammengesetzt. Bei analytischem Vorgehen wird häufig viel Detailwissen produziert, aber der Überblick kann leicht verloren gehen,
- *ganzheitliches Vorgehen:* Das „Ganze" wird im Auge behalten. Teile werden stets nur vom „Ganzen" her gesehen. Der Überblick ist stets präsent, aber Detailwissen wird in der Regel nicht so umfassend gesammelt wie beim analytischen Vorgehen. Dies kann zur Folge haben, dass der stets erhaltene Überblick unkorrigiert, vorurteilsbehaftet oder verzerrt bleibt.

Hinsichtlich der Denkformen soll hier nur zwischen einer mathematisch-strukturellen und einer bildhaften Denkweise unterschieden werden:

- *mathematisch-strukturelle Denkweise:* Wissen wird vorwiegend in mathematischen oder strukturellen Modellen formuliert, gespeichert und dargestellt.
- *bildhafte Denkweise.* Wissen wird in erster Linie bildhaft formuliert, gespeichert und dargestellt.

Methoden beziehen sich auf die Situation der Zweck-Mittel-Handlung, d. h. auf individuelles Handeln. Verfahren hingegen beruhen auf Interaktion, d. h. auf sozialen Handlungen. In ihnen verknüpfen sich individuelle Handlungen zu einem „sinnvollen" Ganzen.

Verfahren sind Interaktionen, die durch mehrere Merkmale gekennzeichnet sind. (Vgl. Bechmann, 1978, S. 242 ff.):

- ihr Ablauf ist durch Regeln festgelegt;
- sie dienen der Produktion eindeutiger Ergebnisse;
- sie sind bezüglich ihrer Dauer begrenzt;
- sie werden arbeitsteilig vorangetrieben;
- zwischen den Handelnden findet Kommunikation im Hinblick auf das anvisierte Ergebnis statt.

Planungsverfahren stellen somit die Integration von planerischen Spezialfunktionen dar. Diese Integration kann durch kooperative

Zusammenarbeit oder durch hierarchisch angeordnete Befehls-
und Kontrollinstanzen hergestellt werden.

Verfahren lassen sich ähnlich typisieren wie Methoden.
Verwendet man die Begriffe Planungsmethode und Planungsver-
fahren in der hier vorgeschlagenen Weise, so ist im Begriff des
Handlungsinstrumentes bereits die Situation des handelnden
Subjektes (eines Subjektes bzw. mehrerer Subjekte) angedeutet.
In diesem Sinne dürften die meisten der im folgenden erwähnten
Planungstechniken realiter in die Gruppe von Planungsverfahren
fallen.

6.4 Ordnungsmuster

Die Menge der in den letzten Jahren entwickelten Planungsmethoden ist inzwischen nahezu unübersehbar. In der Planungsliteratur
sind daher verschiedene Formen eines systematischen Überblicks
über das Arsenal der Methoden und Techniken entwickelt worden. Diese Ordnungsschemata sind unter voneinander abweichen-
den Gesichtspunkten entwickelt, deren jeder einen durchaus
relevanten Aspekt von Planung repräsentiert.

Die Ordnungsschemata für Planungsmethoden lassen sich zunächst in zwei übergreifende Klassen gliedern:
— allgemeine Schemata
— fachspezifische Ordnungsschemata

Allgemeine Ordnungsschemata (vgl. Tab. 10) erlauben eine Gliederung von Planungsmethoden unter Gesichtspunkten wie
— der Zuordnung zu den Schritten des allgemeinen Planungsprozesses, in denen sie Verwendung finden können,
— der Zugehörigkeit zu Planungsproblemen, zu derer Lösung sie
  beitragen können,
— der Klassifikation auf der Basis der wesentlichen Eigenschaften
  einzelner Planungsmethoden und Techniken,
— der Systematisierung nach dem Grad und der Art der Operationalisierung.

Fachspezifische Ordnungsschemata enthalten in der Regel Methodentypen, die in einer bestimmten Planungsdisziplin eine wichtige
Rolle spielen, da jede fachplanerische Disziplin sich mit bestimmten inhaltlich umrissenen Problemen auseinandersetzt. Diesen
planerischen Fachproblemen lassen sich in der Regel die fach-
relevanten Planungsmethoden zuordnen. In Tabelle 11 ist ein

Tabelle 10: Allgemeine Ordnungsschemata für Planungsmethoden

Ablaufschema einer Planung	Planungsprobleme	Grundeigenschaft bzw. Basisfunktion	Grad und Form der Operationalisierung
Problemformulierung	Informationsbeschaffung und -darstellung	Systembeschreibung	Heuristik – intuitiv – interaktiv – systematisch
Zielfindung	Bewertung	Informationsbeschaffung	
Situationsanalyse		Prognose	Operationalisierung – schematisierter Arbeitsvorgang – formalisiertes Produkt – bildhaft graphisch – mathematisch
Zielauswahl und -festlegung	Entscheidung	Zielformulierung	
	Organisation		
Formulierung von Handlungsalternativen	Zeitkalkulation	Kreativität	
		Analyse	
Bewertung		Bewertung/Entscheidung	
Auswahl der optimalen Alternative		Optimierung	
Ausführung		Projektmanagement	

Tabelle 11: Ein fachbezogenes Ordnungsschema für Methoden der Landschaftsplanung

Aufgaben und Fragestellungen der Landschaftsplanung	Zugehörige Instrumententypen
Was ist wertvoll und schutzwürdig?	Bewertungen (Naturschutz, ökologischer Wert)
Was ist geeignet?	Eignungsbewertungen (Erholung, ökologische Aspekte von Raumnutzungen)
Was würde geschehen, wenn . . .?	Wirkungsanalysen
Was ist geschehen . . .?	Historische Analyse der Naturaneignung, Gebietsbeschreibung
Wodurch wird ein Gebiet belastet . . .?	Belastungsindikatoren, -analysen und -bewertungen
Welche Nutzungsverteilung wird angestrebt?	Räumliche Prognose, räumliche Verteilungsmuster
Mit welcher Zielsetzung und wie soll gestalterisch auf das Landschaftsbild eingewirkt werden?	Bedürfnisanalysen und -prognosen, Landschaftsbild-analysen und -bewertungen, gestalterische Massnahmen
Welche Arten von Schutzsystem sind zu sichern bzw. neu anzulegen?	Vorranggebiete, ökologische Ausgleichsräume, Schutzgebiete (Natur- und Landschaftsschutz)
Verbote, Gebote und Empfehlungen	Richtwerte, Leitbilder und normierende Indikatoren

solches fachspezifisches Ordnungsschema für typische Methoden-klassen aus dem Bereich der Landschaftsplanung aufgeführt. Würde man das gleiche für Methoden aus dem Bereich der betriebswirtschaftlichen oder der volkswirtschaftlichen Planung entwickeln, so würden diese Ordnungsschemata nicht nur andere Planungsmethoden, sondern auch eine andere interne Systematik enthalten.

In der Planungsliteratur werden alle hier aufgeführten Ordnungs-schemata, teilweise sogar in Kombination mit einander verwen-det. Tabelle 12 demonstriert dies am Beispiel einiger wichtiger Zusammenstellungen von Planungsmethoden.

Tabelle 12: Systematiken von Planungsmethoden

Quelle	Art der Systematisierung von Planungsmethoden
Alesch / Baz, 1976	ablaufbezogen, problemorientiert
Böhret, 1975	ablauforientiert
Daenzer, 1976	ablauforientiert, eigenschaftsbezogen
Dornier System / ERNO / MBB, 1977	alphabetisch
Laage / Michaelis / Renk, 1976	ablaufbezogen, problemorientiert
Scharf, 1975	ablaufbezogen
Strassert / Treuner 1975	fachbezogen, problemorientiert

6.5 Planungsmethoden im Überblick

Im letzten Jahrzehnt hat die Planungsdiskussion in der Bundes-republik einen weitreichenden Umschwung erlebt. In diesem Zusammenhang sind auch Planungsmethoden und Beispiele ihrer Anwendung in grösserem Umfang publiziert worden. Haupther-kunfts- und Anwendungsbereiche von Planungsmethoden sind die Betriebswirtschaftslehre, die Volkswirtschaftslehre, die Organisa-tion und Strukturierung von Grossprojekten, die Militärfor-schung, die staatliche Administration, die Architekturplanung, die kommunale Planung, die regionale Planung und die Raum-planung.

Es ist hier nicht möglich, auf alle diese Planungsdisziplinen einzugehen.

Selbst die Literatur zur allgemeinen Planungstheorie und Planungsmethodik ist heute noch schwer zu überschauen. Dies hat dazu geführt, dass vermehrt Sammelwerke entstanden sind, welche die ausführliche Beschreibung einer Vielzahl von Planungsmethoden enthalten. Tabelle 13 führt eine Auswahl der wichtigsten von ihnen auf.

Die Qualität der in Tabelle 13 aufgeführten Arbeiten ermöglicht es mir, hier auf eine ausführliche Wiedergabe einzelner Planungsmethoden zu verzichten.

Tabelle 13: Darstellungen von Planungsmethoden
(Verschlüsselung: siehe Tab. 14)

Nr.	Autor	Dargestellte Planungsmethoden
1	Aggteleky, 1975	36, 76, 98
2	Akademie f. Raum-forschung, 1975	28, 31, 34, 35, 91
3	Allesch, Baz 1976	12, 17, 34, 37, 47, 48, 58, 64, 84, 93, 99, 109
4	Autorenkollektiv 1969	61, 93, 79, 80, 105
5	Bahlburg 1975	34
6	Battelle Institut 1971	10, 17, 22, 24, 47, 60, 82, 99, 102
7	Bechmann 1973	5
	1974	12, 17, 21, 24, 47, 60, 82, 99, 102
	1976	47
	1978	64, 65, 109
	1979	65, 85
8	Bendixen-Kemmler 1972	76, 107
9	Berger, Seiter 1975	109
10	Böhret 1975	12, 17, 22, 25, 32, 36, 47, 57, 58, 61, 64, 75, 93, 109
11	Brunn, Fehl 1976	61
12	Buse 1974	33, 73, 109
13	Coenen 1972	5, 17, 24, 69, 75, 81, 85, 93, 102, 103
14	Czayka 1976	30, 61, 62, 78
15	Daenzer 1976	1, 2, 5, 7, 11, 13, 15, 16, 17, 22, 23, 26, 27, 33, 34, 38, 39, 40, 41, 44, 45, 47, 50, 53, 54, 56, 58, 59, 61, 63, 64, 66, 68, 72, 75, 77, 78, 84, 86, 89, 92, 93, 97, 99, 100, 101, 102, 105, 106, 108
16	Dornier System u. a. 1977	3, 4, 6, 7, 15, 17, 18, 20, 46, 49, 53, 58, 61, 64, 70, 71, 77, 84, 101
17	Ebinger, Schierenbeck 1974	47
18	Elsässer 1973	61
19	Ernst, Pannitschka 1976	61
20	Fehl 1976	52
21	Fischer u. a. 1970	47

Nr.	Autor	Dargestellte Planungsmethoden
22	Friedrichs 1973	7, 8, 32, 38
23	Funke 1977	47, 64, 69
24	Gehmacher 1971	64, 75, 93, 99
25	Hansen, Klitzing 1976	40
26	Hansmeyer, Rürup 1973	47
27	Hanstein 1970	75
28	Hujer 1976	34, 64, 75, 93
29	Junius 1976	40
30	Kaiser 1976	15, 22, 61
31	Kistenmacher, Eberle 1975	32, 109
32	Koelle 1974	109
33	Kourim 1968	105
34	Kreibich 1976	93
35	Laage u. a. 1976	7, 11, 12, 19, 24, 25, 26, 38, 51, 58, 61, 62, 64, 76, 90, 96, 99, 100, 109
36	Landwehr 1976	42, 88
37	Loch, Luck	40
38	Loske 1976	61
39	Mälich 1975	28
40	Matthies 1977	47
41	Matthies, Bechmann 1979	47
42	Meinke 1975	35
43	Müller 1973	34, 42, 75, 91, 104
44	Müller-Merbach 1970	79, 80
45	Nigg 1976	32
46	Prognos AG 1971	12, 17, 21, 47, 55, 60, 69, 82, 87, 99, 102
47	Prüss, Tschoebe 1974	2, 7, 12, 17, 34, 47, 58, 64, 73, 84, 93, 95
48	Ripke, Stober 1972	68, 84
49	Scharf 1975	1, 43, 58, 64, 97, 105
50	Schmid, Freiburghaus 1974	47
51	Schoenebeck 1976	93
52	Sieverts 1971	14
53	Sieverts u. a. 1972	14
54	Strassert 1973	42
55	Velsinger 1971	47
56	Werner 1975	32
57	Witter 1976	85
58	Zangemeister 1970	109
59	Zehnder 1969	61
60	Zentrum Berlin f. Zukunftsforschung 1970	12, 17, 34, 47, 58, 64, 73, 84, 93, 104, 109

Die anstatt dessen gegebene Darstellung der Quellen, in denen eine ausführliche Beschreibung der einzelnen Methoden zu finden ist, soll es dem Leser ermöglichen, sich schnell und unkompliziert das nötige Detailwissen anzueignen.

Dem Anliegen dieser Arbeit entsprechend werden im folgenden nur Planungsmethoden aufgeführt, die bereits jetzt oder zumindest potentiell Anwendung im Bereich der Architektur- und räumlichen Planung finden können; (spezielle volkswirtschaftliche oder betriebswirtschaftliche Planungsmethoden werden ausgelassen). Dies gilt auch und insbesondere für die meisten der Methoden, die üblicherweise unter den Oberbegriff „operation research" subsumiert werden. Desgleichen werden auch statistische Methoden hier nicht angesprochen werden. (Für sie gibt es mehr als genügend gute Lehrbuchdarstellungen.) Aus Einfachheitsgründen sind darüber hinaus computerbezogene Planungsmethoden ebenfalls nicht in die folgende Darstellung einbezogen. Viele der in Tabelle 14 erwähnten Planungsmethoden werden hier nur in Form ihrer wichtigsten Repräsentanten, aber nicht in allen ihren Varianten behandelt. (Dies gilt z. B. für die Netzplantechnik oder die Nutzwertanalyse.)

Tabelle 14 vermittelt auf der Basis des oben beschriebenen Auswahlverfahrens einen Überblick über die wichtigsten Planungsmethoden. In ihr sind die einzelnen Planungsmethoden und -verfahren alphabetisch aufgelistet. Spalte 1 nennt — entsprechend der Numerierung in Tabelle 13 — Quellen, in denen das jeweilige Verfahren beschrieben ist. Spalte 2 gibt an, ob es sich um eine Methode oder ein Verfahren handelt. Spalte 3 führt dasjenige bzw. diejenigen Planungsprobleme auf, zu deren Lösung die jeweilige Methode (das jeweilige Verfahren) beitragen kann. Spalte 4 hebt die wichtigsten Eigenschaften der betreffenden Methode oder des betreffenden Verfahrens hervor. Spalte 5 gibt schliesslich den Grad und die Art der Operationalisierung an. Alle verwendeten Symbole sind in der Legende zu Tabelle 14 erklärt. Eine weitere Erläuterung dieser Tabelle erübrigt sich damit.

Die in Tabelle 14 vorliegende verkürzte Darstellung und Klassifikation von Planungsmethoden ist nicht unproblematisch, denn manche der hier vorgenommenen Einstufungen können auch anders vorgenommen werden. Dies liegt vor allem daran, dass

— in der Planungsliteratur ähnliche Verfahren mit unterschiedlichen Namen auftreten

- manche Verfahren in unterschiedlichen Zusammenhängen und für unterschiedliche Zwecke verwendet werden können
- hier Verfahren unterschiedlichen Detaillierungsgrades zusammengestellt sind.

Hinzu kommt ferner, dass sicherlich manches relevante Verfahren aufgrund des obigen, nicht eindeutigen Auswahlverfahrens übersehen wurde, während das eine oder das andere der aufgeführten eventuell auch gestrichen werden könnte. Die in Tabelle 14 entwickelte Klassifikation sollte daher mehr als Hinweise denn als eindeutige Einstufung angesehen werden.

Tabelle 14: Planungsmethoden und Planungsverfahren – ein Überblick

Planungsmethode / Planungsverfahren	1 Dargestellt in:	2 Typ	3 Planungs-problem	4 Basis-eigen-schaft	5 Grad der Operatio-nalisie-rung
1 ABC-Analyse	15 49	M	I	I	F
2 Ablaufdiagramm	15 47	M	O, Z	S	S
3 Abweichungsanalyse	16	M	I	A	S
4 Änderungsverfahren	16	M	I, B	K	S
5 Analogschlussverfahren	7 13 15	M	I	S, I	H
6 Auftragsvergabeverfahren	16	V	O	M	S
7 Balkendiagramm	15 16 22 35 47	M	I	S	F
8 Beobachtung, teilnehmende	22	V	I	I	S
9 Beobachtung, nicht teilnehmende		V	I	I	S
10 Bewertungsmatrix	6	M	B	B	F
11 Black-Box-Methode	15 35	M	I	K	S
12 Brainstorming	3 7 10 35 46 47 60	M	I	K	H
13 Branch and Bound	15 16	M	B	B, O	F
14 Cerkosmethode	52 53	M	I	I	F
15 Checkliste	15 16 30	M	I, B	S, I, P	S
16 Critical Path Method (CPM)	15	M	I, Z	S	F
17 Delphimethode	3 6 7 10 13 15 16 46 47 60	V	I, B	I, P, B	S
18 Dokumentation	16	M	I, B	S, I	S
19 Dokumentenanalyse	35	M	I	I	S
20 Einsatzmittelübersicht	16	M	I, B	I, B	F
21 Engpassmethode	7 46	M	I, B	I, B	F

Nr.	Bezeichnung	Verweise				
22	Entscheidungsbaumanalyse	6 10 15 30	M	B,E	B	S
23	Entscheidungstabelle	15	M	B,E	B	F
24	Expertenbefragung / -diskussion	6 13 35	V	I,B,E	I,P,B	H
25	Flussdiagramm	10 35	M	I	I	F
26	Fragebogen	15 35	M	I	I	F
27	GERT (Graphical Evaluation and Review Technique)	15	M	I,O	S,I,M	F
28	Gitteranalyse	2	M	I	S,I	S
29	Glass-Box-Verfahren		M	I	K	S
30	Graphen-Organisationsmodelle	14	M	S	F	
31	Gravitationsanalyse	2				
32	Indikatorbildung	10 22 31 45	M	I,B	I,B	S
33	Informationssuche – Strategie	12 15				F
34	Input-Output-Analyse	3 2 3 5 15 28 43 47 60	M	I,B	I,P,B	F
35	Interaktionsanalyse	2 42				
36	Interdependenzanalyse (cross-impact-analysis)	1 10	M	I	S,I,P	S
37	Interessengruppenanalyse	3	M	I,B	I,B	H
38	Interview	15 35	V	I	I	S
39	Kärtchentechnik	15	M	I	S,I	S
40	Kartierungsverfahren	15 25 29 37	M	I	I	F
41	Katastrophenanalyse	15	M	I	I,P,K	S
42	Kennziffern	36 43 54	M	I,B	I,B	F
43	Konstruktionssystematik nach Hansen	49	M	I	I,M	S
44	Konkurrenzprobleme	15	V	S,I	S,I	S
45	Koordinationsinstrumentarium	15	V	I,O	I,M	S
46	Kostenmatrix	16	M	I,B	I,B	F
47	Kosten-Nutzen-Analyse	3 6 7 10 15 17 21 23 26 40 41 46 47 50 55 60	M	I,B,E	I,B	F

Tabelle 14: Fortsetzung

Planungsmethode/Planungsverfahren	Dargestellt in:	Typ	Planungs-problem	Planungs-Basis-eigenschaft	Grad der Operatio-nalisierung
	1	2	3	4	5
48 Kosten-Wirksamkeits-Analyse	3	M	I, B, E	I, B	F
49 Kosten-Trend-Rechnung	16	M	I, B, E	I, P, B	F
50 Lineare Optimierung	15	M	E	B	F
51 Liniendiagramm	35	M	I, Z	I, M	F
52 Management-Information-System	20	M	I	I	S
53 Matrix	15 16	M	I	I	F
54 Methode 635	15	M	I	I	F
55 Méthode de crénaux (Zwischenräume)	46	M	I, B	K	S
56 MPM (Metra-Potential-Methode)	15	M	I, Z	I, M	F
57 MPP (Mittelfristige Programm-Planung)	10	V	O	M	S
58 Morphologische Methode	3 10 15 16 35 49 60	M	I	I, P	S
59 Multimoment-Aufnahme	15	M	I	S, I	S
60 Negative Strichliste	6 7 46	M	I, B	I, B	S
61 Netzplantechnik	4 10 11 14 15 16 18 19 30 35 38 59	M	I, Z	M	F
62 Netzwerk	14 35	M	I, Z	M	F
63 Nichtlineare Optimierung	15	M	B, E	B	F
64 Nutzwertanalyse 1. Generation	3 7 10 15 16 23 24 28 35 47 49 60	M	I, B	I, B	F
65 Nutzwertanalyse 2. Generation	7	M	I, B	I, B	F
66 Operationalisierung	15	M	I	I	S
67 Paarweiser Vergleich	15	M	B	B	S

68	Panel-Befragung	15 48	M	I	S
69	Pattern	13 48	M	I, B	F
70	Planmässige Berichte	16	V	I	S
71	Planspiele	15	M	I, B	F
72	Polaritätsprofil	12 47 60	V	I, B, E	I, B	S
73	PPBS		M	B	S
74	Profile		M	I, P	S
75	Prognosetechniken (einfach)	10 13 15 24 27 28 43	M	M	S
76	Projektrorganisation	1 35	M	O	M	S
77	Projektstrukturplan	15 16	M	I, O	S, P	S
78	Program Evaluation and Review Technique (PERT)	14 15	M	I, Z	I, M	F
79	Programmierung, lineare	4	M	B	O	F
80	Programmierung, nicht lineare	4 44	M	B	O	F
81	Quest	13	B	B	N	F
82	Querschnittsvergleich	6 7 46	M	I, B	I, B	S
83	Rangfolgebeurteilung	15 16 47 60	M	B	B	S
84	Relevanzbaumanalyse	3 15	M	B	B	F
85	Richtwerte	7 57	V	I, B	I, B	S
86	Sättigungsmodelle	15	M	I	I	F
87	Scoring-Verfahren	46	M	B	B	S
88	Semantisches Differential	36	M	I, B	I, B	F
89	Sensibilitätsanalyse	15	M	I, B	I, B	S
90	Sequenzverfahren	35	V	O	M	S
91	Shift-Analyse	2	M	I	I	F
92	Sicherheitsanalyse	15	M	I, B	S, I, P, B	S
93	Simulationsmodelle	3 4 10 13 15 24 28 34	M	I, B	S, I, P, B	F
94	Soll-Ist-Vergleich	47 51 60	M	I, B	I, B	S

Tabelle 14: Fortsetzung

Planungsmethode/ Planungsverfahren	1 Dargestellt in:	2 Typ	3 Planungs- problem	4 Basis- eigen- schaft	5 Grad der Operatio- nalisierung
95 Steering Committee	47	V	P	?	S
96 Synchronverfahren	35	V	O	M	S
97 Synektik	15 49	M	I	K	S
98 System-Projekt-Management		V	O	M	H
99 Szenario	3 6 7 15 24 35 46	M	I	S, I, P	S
100 Teamarbeit	15 35	V	O	M	H
101 Termin-Trend-Darstellung	16	M	O	M, Z	F
102 Trendextrapolation	6 7 13 15 46	M	I	I, P	S
103 Trend-Korrelation	13	M	I	I, P	F
104 Verflechtungsanalyse	43 60	M	I	I	F
105 Wertanalyse	4 15 33 49	M	B	B	F
106 Wirtschaftlichkeitsrechnung	15	M	B	B	F
107 Zeit-Aktivitäts-Übersicht	8	M	O	S, M	F
108 Zeit-/Kosten-/Fortschrittsdiagramme	15	M	I	S, I	F
109 Zielanalyse	3 7 10 12 31 35 58 60	M	I, B	I, B	S
110 Zyklendiagramm		M	I, O	I, M	F

Legende

Spalte 1 siehe Tabelle 13
Spalte 2 M = Methode, V = Verfahren
Spalte 3 I = Informationsbeschaffung und -darstellung, B = Bewertung, E = Entscheidung, O = Organisation, Z = Zeit
Spalte 4 S = Systembeschreibung, I = Informationsbeschaffung, P = Prognose, Z = Zielformulierung, K = Kreativität, A = Analyse,
 B = Bewertung/Entscheidung, O = Optimierung, M = Projektmanagement
Spalte 5 F = Formalisiertes Produkt, H = Heuristik, S = schematisierter Arbeitsvorgang

6.6 Planungstauglichkeit und Verwendungshäufigkeit

Eine Methode oder ein Verfahren ist dann planungstauglich, wenn es der Zwecksetzung eines vorgegebenen Planungsprozesses entspricht, d. h. wenn es die Lösung eines bestimmten Planungsproblems ermöglicht oder erleichtert. (Vgl. hierzu auch Abschnitt 6.1)

Planungstauglichkeit ist also keine Eigenschaft, die einer Methode oder einem Verfahren „an sich" anhaftet, sondern sie kommt ihr (ihm) nur im Hinblick auf ein bestimmtes Planungsproblem, einem bestimmten Planungstyp oder gar nur einen bestimmten Planungsprozess zu.

Planungstauglichkeit kann auf zwei Ebenen diskutiert werden.

– funktional, d. h. es kann die Frage gestellt werden, ob eine bestimmte Planungsmethode das ihr zugeordnete Problem formal/oder inhaltlich löst.

– qualitativ-nominativ (Eine Planungsmethode kann hinsichtlich bestimmter „wünschenswerter" Eigenschaften untersucht werden. Solche Merkmale können sein: Flexibilität, Verständlichkeit, Effizienz, leichte Handhabbarkeit oder die Möglichkeit, Betroffene an der Planung partizipieren zu lassen.)

Es ist hier nicht möglich, die oben aufgeführten Planungsmethoden und Planungsverfahren hinsichtlich ihrer Tauglichkeit im eben angesprochenen Sinn zu diskutieren. Dies erfordert nicht nur für jede einzelne Methode und jedes einzelne Verfahren eine detaillierte Argumentation, sondern es ist auch nur in bezug auf bestimmte Planungsprozesse oder zumindest Typen von Planungsprozessen möglich.

Als Ersatz für solch eine Untersuchung kann an dieser Stelle nur die Frage nach der Verwendungshäufigkeit der einzelnen Methoden gestellt werden. Dabei wird von der Hypothese ausgegangen, dass eine Methode um so planungstauglicher ist, je häufiger sie verwendet wird. Obwohl ich glaube, dass diese Hypothese in der Tendenz richtig ist, möchte ich ausdrücklich davor warnen, sie für jeden Einzelfall und jeden Methodentypen aufrecht erhalten zu wollen.

Die Literatur zur allgemeinen Planungsmethodik kennt bisher kaum Untersuchungen, in denen der Verwendungshäufigkeit von Planungsmethoden nachgegangen wird. Von der in Tabelle 13 aufgeführten Literatur greifen nur Allesch, Baz (1976) dieses Thema auf. Sie selbst legen jedoch keine eigene Untersuchung vor, sondern referieren die Ergebnisse einer amerikanischen Befragung (Mc Hale, 1973). Diese Untersuchung ist jedoch nicht repräsentativ. Die Kurzform des Ergebnisses der Mc Haleschen Untersuchung ist in Tabelle 15 wiedergegeben.

Tabelle 15: Rangfolge systemtechnischer Methoden bei ihrer Anwendung in wissenschaftlichen Institutionen (nach McHale, 1973)

Planungsmethode	Verwendungshäufigkeit in Prozent
Scenario-writing	11,1
Expertenbefragung	7,5
Probalistische Vorausschau	7,5
Delphi-Technik	7,1
Simulation	7,0
Extrapolationstechniken	6,4
Brainstorming	6,2
Individuelle ,,Experten''-Voraussagen	6,2
Planspiele (Spieltheorie)	5,6
Cross-impact-Analyse	5,5
Historische Analogien	5,3
Operationale Modelle	4,3
Statistische Modelle	4,1
Modelle kausaler Verknüpfungen	3,4
Relevanzbaum-Verfahren	3,2
Kontext-Diagramme	2,8
Graphentheorie	2,1
Andere	4,7

Die Darstellungshäufigkeit von Planungsmethoden kann als weiterer Indikator ihrer Planungstauglichkeit angesehen werden. Dies allerdings nur mit grossem Vorbehalt, da die Darstellungshäufigkeit auch eine Folge bestimmter Planerideologien und Planersozialisationen sein dürfte. Tabelle 14 vermittelt einen Eindruck dieser Häufigkeitsverteilung.

Eine weitere Möglichkeit, Planungstauglichkeit operational oder gar quantitativ zu erfassen, liegt in der Auflistung und Analyse der in einem bestimmten Planungsbereich verwendeten Methode. Hier stellt sich allerdings das Problem, diesen Planungsbereich sauber abzugrenzen und die in ihm verwendeten Methoden vollständig zu erfassen. Beides ist meines Wissens bisher noch nirgends versucht worden. Tabelle 16 stellt den Vorentwurf zu einer solchen Untersuchung dar. Sie basiert auf meinen eigenen Arbeitsunterlagen, ohne jedoch durch eine wirklich systematische Untersuchung gestützt zu werden. Sofern mir eins oder wenige Anwen-

Tabelle 16: Zur Anwendung von Planungsmethoden und -verfahren in der Landschaftsplanung

Planungsmethode/Planungsverfahren	Anwendung		
	bekannt	häufig	vermutet
Ablaufdiagramme	x		
Änderungsverfahren			x
Auftragsvergabeverfahren		x	
Balkendiagramm			x
Beobachtung, nicht teilnehmende	x		
Checkliste		x	
Delphimethode	x		
Dokumentation	x		
Expertenbefragung/-diskussion		x	
Flussdiagramm			x
Fragebogen		x	
Graphen-, Organisationsmodelle			x
Indikatorbildung	x		
Interdependenzanalyse	x		
Interview	x		
Kärtchentechnik	x		
Kartierungsverfahren		x	
Kennziffern	x		
Kosten-Nutzen-Analyse	x		
Kosten-Wirksamkeits-Analyse	x		
Matrix	x		
Nutzwertanalyse 1. Generation		x	
Nutzwertanalyse 2. Generation	x		
Operationalisierung			x
Pattern	x		
Polaritätsprofil	x		
Prognosetechniken			x
Projektorganisation			x
Richtwerte	x		
Scoring-Verfahren	x		
Semantisches Differential	x		
Szenario	x		
Teamarbeit		x	
Zielanalyse	x		

dungsbeispiele bekannt waren, wurde die Planungsmethode als bekannt eingestuft. Liegen mehrere oder viele Anwendungsbeispiele vor, so erhält sie das Klassifikationsmerkmal „häufig". Über die mir bekannten Beispiele hinaus werden mit Sicherheit — zumindest einfache oder sehr bekannte Planungsmethoden im Bereich der Landschaftsplanung verwendet. Diejenigen Methoden oder Verfahren, deren Verwendung mir als sehr wahrscheinlich erscheint, sind hier als „vermutet" eingestuft worden. Die Grenze zwischen vermutet und nicht in die Tabelle aufgenommen, ist fliessend. Die hier vorgenommene Unterscheidung ist daher nicht frei von Willkür.

Die Tabellen 14, 15 und 16 geben wohl einen groben Eindruck, welche Planungsmethoden häufig oder zumindest überhaupt Verwendung finden, sie vermitteln jedoch wenig Anhaltspunkte, worin die Gründe für hohe Verwendungshäufigkeiten zu suchen sind. Einer — und wahrscheinlich nicht der geringste — dürfte in der Handhabbarkeit und Schematisiertheit bzw. Formalisiertheit der jeweiligen Methoden liegen.

6.7 Ideologische Grundlagen und technokratische Missverständnisse

Planungsmethoden und Planungsverfahren erleichtern die Lösung konkreter Planungsprobleme, da sie helfen, die Handlungen des Planers zu strukturieren (Rezepte) und da sie auf Erfahrungen bzw. auf an anderer Stelle gewonnenem Wissen von bzw. über Planung beruhen.

Der Grossteil, der in Tabelle 14 aufgelisteten Methoden beruht auf systematisierter Planungserfahrungen. Das Verhältnis von Planungsmethoden und Planungserfahrungen lässt sich theoretisch nur unzureichend erklären. Für das Gelingen eines konkreten Planungsprozesses ist häufig die Erfahrung des Planers wichtiger als der Einsatz vieler oder komplizierter Methoden. Andererseits enthält Methodenkenntnis konzentrierte Planungserfahrung und kann damit diese durchaus auch ersetzen.

Das eben angesprochene Substitutionsverhältnis von Methode und Erfahrung ist jedoch nur ein Teil des Ganzen, da sich planerisches Können gerade durch die Kombination von Erfahrung und Methode auszeichnet.

In struktureller Hinsicht und in bezug auf den ihnen zugrunde liegenden Handlungsprozess können Planungsmethoden grob in drei Klassen eingeteilt werden (6.1)

- Arbeits- bzw. Spielregeln (Viele kreative Planungsmethoden beschränken sich auf die Angabe von Spiel-, Kommunikations- und Umgangsregeln.)
- Schematisierte Arbeitsvorgänge, für die die Inputs der Handlung festgelegt sind. (Hierunter fallen vornehmlich Fluss- und Ablaufmodelle von Planungshandlungen.)
- Formalisierte Produkte (Entscheidungstabellen, Netzpläne, Nutzwertanalysen u. ä. liefern Beispiele hierfür).

Auch diese Klassifizierung liefert nur ein sehr grobes Raster, da jedwede Planungsmethode stets auf zwei Ebenen gekennzeichnet werden kann: dem Arbeitsvorgang und dem Arbeitsprodukt.

Die Anwendung einer Planungsmethode wird in Handlungsprozessen vollzogen. Die Struktur dieser Prozesse kann sehr unterschiedlich sein. Sie reicht von Handlungen, die eher handwerklichem Tun vergleichbar sind bis zu Tätigkeiten, die in ihrer Form dem industriellen, d. h. dem maschinellen Arbeitsprozess entsprechen. Zur ersten Gruppe von Methoden gehören meines Erachtens die sogenannten „kreativen" und die schematisierten „per Hand" durchzuführende Methoden, während fertig ausgearbeitete Programmpakete, wie sie im EDV-Bereich üblich sind, zur zweiten Gruppe zählen.

Vergegenwärtigt man sich das Handlungsfeld, innerhalb dessen Planungsmethoden eingesetzt werden, so wird offensichtlich, dass der Umgang mit Methoden des zweiten Typs dem Planer einer ähnlichen Arbeitssituation aussetzt wie die industrielle Produktion den Ingenieur. Der Übergang von handwerklich ausgerichteten zu industriell-maschinell orientierten Tätigkeiten ist allemal geprägt durch eine zunehmende Spezialisierung, die Verengung des Gesichtsfeldes, wachsende Arbeitsteilung und den Verlust der Verantwortlichkeit für das „Ganze".

Die Anwendung einer Planungsmethode lässt sich in mehrere Teilschritte aufgliedern. (Vgl. Abb. 34)

Bei zunehmender Spezialisierung und Arbeitsteilung wird selbst der in Abbildung 34 dargestellte Handlungsprozess zerrissen. Dem Planer verbleibt häufig nur noch die Auswahl der Planungsmethode, ihre Anwendung und der Entwurf zur Interpretation der Ergebnisse und selbst das noch arbeitsteilig.

Abbildung 34: Der Prozess der Anwendung einer Planungsmethode

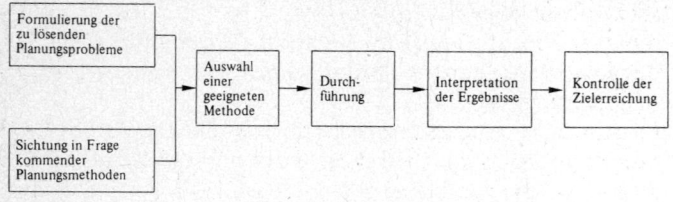

Auf diese Weise geht der gesamte Kontext der Anwendung einer Planungsmethode für den Planer verloren. Er soll durch Abbildung 35 grob skizziert werden, ohne hier jedoch weiter auf ihn einzugehen

Abbildung 35: Umfeld der Anwendung einer Planungsmethode

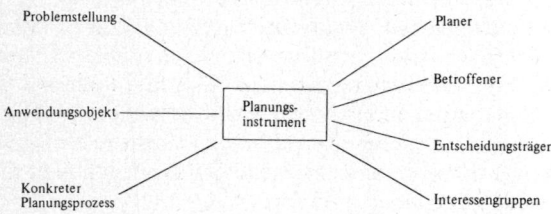

Das Umfeld der Anwendung einer Planungsmethode lässt sich in erster Näherung in einen sachbezogenen Bereich und in personal bzw. politisch motivierte und strukturierte Handlungen unterteilen. Der Verwendungskontext von Planungsmethoden ist bisher jedoch nur vereinzelt mit untersucht worden.
Auf ihn soll hier jedoch nicht weiter eingegangen werden.
Planungsmethoden sind rezeptähnlich formulierte Handlungsmuster. Ihnen liegt ein Handlungskonzept zugrunde, welches sich durch folgende Eigenschaften umreissen lässt:
- Analytische Vorgehensweise (d. h. das Ganze wird in Teile zerlegt und jeder einzelne Teil für sich behandelt.)
- Zweckmittel-Rationalität (Der gesamte Handlungsprozess wird unter Zweckmittel-Gesichtspunkten organisiert. Jeder Teilschritt und jedes Teilprodukt erfüllt in diesem Zusammenhang

einen bestimmten Zweck bzw. ist Mittel zur Erfüllung eines solchen Zweckes.)

- Hierarchisierung der Teilprodukte (Teilschritte und Teilergebnisse werden in der Regel nicht nur unter Zweckmittel-Gesichtspunkten, sondern zusätzlich auch hierarchisch angeordnet.)
- Entsubjektivierung (die einzelnen Planungsmethoden sollen so „objektiv" wie möglich, d. h. entsubjektiviert sein. Auf diesem Wege werden aber nicht nur die Unvollkommenheiten bzw. Unfertigkeiten des Planers eliminiert, sondern es geht ebenso ein Teil seiner individuellen Erfahrung, seiner Zuständigkeit und seiner Verantwortlichkeit verloren.)
- Kontrolle und Transparenz (es wird angestrebt, alle Arbeitsschritte und Teilergebnisse für Aussenstehende bzw. Unbeteiligte kontrollierbar und transparent zu machen. Dies ist sinnvoll, birgt aber die Gefahr formalistischen Handelns, Denkens oder Argumentierens in sich).

Das eben umrissene Handlungsmuster ist nicht wertfrei. Es hinterlässt bei dem, der häufig mit ihm umgeht, Spuren. Das heisst, es begünstigt die Verhaltensweisen und den Sozialisationstyp, der auch im Bereich der industriellen Produktion gefragt ist, in dem es zweckmittel-rationales, durch Aussenkontrollen überwachbares sowie an Hierarchien und analytisches Denken gewöhntes Arbeitsverhalten erfordert und fördert.

Ein, im Hinblick auf diesen Handlungstyp sozialisierten Planer kann und wird sich in der Regel wenig Gedanken über das hingeben, was ausserhalb seines Handlungsbereiches liegt. Die Auseinandersetzung mit den Folgen von Planung missrät ihm zur Effizienzkontrolle bzw. zur Fehlerabschätzung für die eingesetzten Methoden. Planungsethik degeneriert für ihn zur Planungsmoral, Wertentscheidungen überlässt er den Entscheidungsträgern und der sozial verantwortliche Umgang mit Planungsergebnissen liegt für ihn ebenfalls ausserhalb seines Kompetenzbereichs. Die äusseren Bedingungen von Planung und die innere Struktur von Planungsmethoden wirken dann in die gleiche Richtung. Sie bieten die Voraussetzung, den Planer zum Technokraten zu formen und ihn damit zum gut funktionierenden Rädchen in technokratischen Planungsprozessen zu machen.

Als technokratische Planung soll hier ein Planungstyp gezeichnet werden, der

- prinzipiell die Steuerbarkeit unserer Gesellschaft durch Planung unterstellt (für ihn sind alle Planungsschwierigkeiten, Informationsprobleme oder Angelegenheiten des guten Willens der Beteiligten.)
- sich als unpolitisch sachlich gibt und der sich dabei (oder deswegen) in seinen Planungsinhalten an den herrschenden gesellschaftlichen Interessen ausrichtet.
- versucht, auch im gesellschaftlichen Bereich nach den Zweck-Mittel-Schema vorzugehen, als ginge es hier um Handlungen eines einheitlichen Subjektes anstatt um Interaktionen zwischen unterschiedlichen Interessengruppierungen.

Das „süsse Gift" dieser technokratischen Planungsideologie wirkt auf zweierlei Weise; es ermöglicht

- der Entmündigung und Unterwerfung von Planungsbetroffenen durch bzw. unter einem Apparat, der weder ihre Bedürfnisse kennt noch ihre Interessen wahrnimmt.
- der Selbstüberschätzung des planenden Systems, welches unfähig wird, seine Handlungsgrenzen zu erkennen, Fehler zu orten und zeitig genug die Konsequenzen seines Tuns zu überblicken. (Der zunehmende Bürgerprotest gegen Planung und fehlgeschlagene planerische Grossprojekte sind ein sichtbarer Ausdruck dieser Betriebsblindheit.)

7.1   Vorbemerkung

Tabelle 11 (vgl. 6.4) stellt die wichtigsten Instrumente zur Lösung landschaftsplanerischer Fragen zusammen. Diesen fachplanerischen Instrumenten liegen allgemeine Planungsmethoden zugrunde, von denen ein Teil bereits in Tabelle 14 aufgeführt ist. Neben Methoden der statistischen Datenaufbereitung bzw. Auswertung sowie EDV-Techniken spielen für die Landschaftsplanung selbstverständlich auch solche Methoden eine Rolle, die in jedwedem Planungsprozess anwendbar sind (z. B. Brainstorming, Zielanalyse, Flussdiagramme usw.).

Es ist nicht Anliegen des vorliegenden Textes, auf alle diese Methoden einzugehen. Für viele von ihnen existieren bereits ausführliche Darstellungen. Auch an systematischen Zusammenstellungen der wichtigsten konkreten Anwendungen bzw. Methodenvarianten mangelt es nicht. Tabelle 17 vermittelt hiervon einen Eindruck.

Im folgenden will ich daher nur drei Typen von Planungsmethoden ansprechen, denen in der Landschaftsplanung aus praktischer Sicht Bedeutung zukommt, ohne dass jedoch ihrer planungstheoretischen Darstellung und Diskussion bisher die notwendige Beachtung geschenkt wurde. Dies gilt insbesondere für die Wirkungsanalyse, welche selbst in der allgemeinen Literatur zur Planungsmethodik kaum erwähnt oder dargestellt wird.

7.2   Zielanalysen

7.21   Der Stellenwert und die Funktion von Zielen in der Planung

Über Ziele lässt sich nur im Zusammenhang mit Handlungen reden. Sie sind ein integraler Bestandteil allen Zweck-Mittel-Handelns. ,,Ziele sind Leitlinien zweckrationaler Handlungen. Sie sind verbaler Ausdruck der erstrebten Handlungsfolgen, die

Tabelle 17: Literaturzusammenstellungen zu Planungsmethoden der Landschaftsplanung

Typ der Planungsmethode	Quelle der Literaturübersicht
Landschaftsbewertung für Erholung (einschliesslich Landschaftsbildanalyse)	Bechmann 1980/1, Harfst 1980
Ökologische Bewertungen und Naturraumpotential-erfassungen	Bechmann 1977, Bierhals, Kiemstedt, Scharpf 1974, Bierhals 1978, Bierhals 1980, Schuster 1980
Ökonomische Landschafts-bewertungsverfahren	Bechmann 1973, Matthies, Bechmann 1979
Wirkungs- und Belastungs-analysen	Krause 1980, Olschowy 1979, Schemel 1978
Richtwerte	Bechmann 1980/1, Gälzer 1980, Kiemstedt, Thom, Heinrich 1980
Typisierung von Vorrang- und Schutzgebieten	Bechmann 1980/2, Erz 1980

bewusst bewirkt werden sollen." (Koelle, Zangemeister, 1974, S. 6) Mit anderen Worten: Ziele drücken angestrebte Situationen aus.

Ziele enthalten damit stets einen normativen Anteil. Durch sie wird angegeben, welche Handlungswirkungen beabsichtigt und welche erwünscht sind.

Ziele können die angestrebten Situationen in unterschiedlichem Masse detailliert beschreiben und sie können mehr oder weniger direkt handlungsbezogen sein. Ein Ziel wird hier als handlungsbezogen bezeichnet, wenn es so operationalisiert ist, dass bei gegebener Ausgangssituation genau angegeben werden kann, durch welche konkrete Handlung die Zielsituation erreichbar ist.

Ziele können in Planungsprozessen mehrere Funktionen erfüllen, d. h. sie sind geeignet

- Entwurfsideen, Absichten oder Alternativen zum Bestehenden auszudrücken (Leitbildfunktion)
- Fixpunkte der Systemsteuerung zu bilden, indem sie im laufenden Planungsverfahren den Part der Soll-Grösse über-

Abbildung 36: Relevante Aspekte für die Formulierung eines Zielsystems (entnommen aus: *H. H. Koelle; C. Zangemeister* (1974), S. 7)

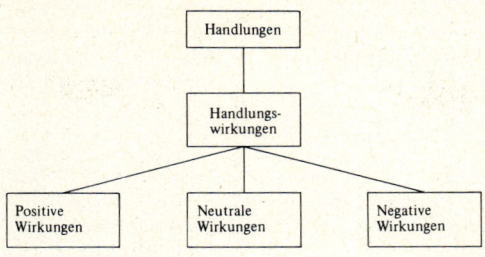

nehmen, an der das Ist laufend gemessen wird; d. h. sie formulieren den Zweck, auf den sich die Planung hin bewegt.
— als Massstab der ex-post-Kontrolle von Planungshandeln zu dienen. Die Zielerreichung, Wirkung oder Effizienz lässt sich im nachhinein beurteilen, indem man die ursprüngliche Zielsetzung und das tatsächlich erreichte Ergebnis miteinander vergleicht.
— politische Programme und Interessen zu proklamieren. (Politische Funktion von Zielen)

7.22 Die Ordnung von Zielsystemen

In Planungsprozessen wird in der Regel nicht nur ein, sondern eine Vielzahl von Zielen verfolgt. Die Menge aller für eine bestimmte Planungs- oder Entscheidungssituation relevanten Ziele bezeichnet man als Zielsystem. Das einer Planung zugehörige Zielsystem ist um so überschaubarer, je klarer geordnet und gegliedert es ist. Die Elemente eines Zielsystems können vertikal und horizontal angeordnet werden. (Vgl. Tab. 18)
Vertikale Zielordnungen untergliedern das Zielsystem hierarchisch im Sinne von Ober- und Unterzielen. Vertikale Ordnungen können unter verschiedenen Gesichtspunkten aufgestellt werden:
Zweckmittel-Beziehungen zwischen Zielen ermöglichen eine Über- und Unterordnung in der Weise, dass der Zweck stets

Tabelle 18: Zielordnungen

Grundlage der Zielordnung	
vertikal	horizontal
– Zweck-Mittel-Beziehungen zwischen Zielen	– Haupt- und Nebenziel hinsichtlich der inhaltlichen Bedeutung

– Grad der Zieloperationalisierung	– technologische Zielbeziehungen
	  – Konkurrenz
	  – Komplementarität
	  – Indifferenz

– Zuordnung von Zielen zu Entscheidungsebenen hierarchisch gegliederter Organisationen	– Wertbeziehungen
	  – Substituierbarkeit
	  – Konkurrenz
	  – Komplementarität
	  – Indifferenz

den Mitteln übergeordnet wird. Im Rahmen eines Zielsystems wird der Zweck stets auf einer höheren Ebene angesiedelt als das Mittel.

– Der Grad der Operationalisierung von Zielen ermöglicht die Unterscheidung in Grob-, Richt- und Feinziele (ein Ziel ist um so operabler, je eindeutiger ihm eine exakt beschreibbare Handlung zugeordnet werden kann, die unmittelbar zur Zielerreichung führt.)

– In hierarchisch gegliederten Organisationen werden häufig den unterschiedlichen Entscheidungsebenen der Organisation Ziele zugeordnet. Auch hierdurch ergibt sich die vertikale Ordnung eines Zielsystems. Die Ziele, die von den Entscheidungsträgern der oberen Ebenen der Organisation verfolgt werden, stehen auch in der Zielpyramide oben an.

Ziele lassen sich nicht nur vertikal, sondern auch horizontal ordnen. Auch die Klassifikation der Ziele einer Ebene kann unter verschiedenen Kriterien erfolgen.

– Gemäss ihrer inhaltlichen Bedeutung und ihres Gewichtes für das Gesamtsystem lassen sich Haupt- und Nebenziele unterscheiden. Haupt- und Nebenziele können dabei entweder verschiedene Aspekte eines gemeinsamen Oberzieles repräsentieren, sich auf verschiedene Objekte beziehen oder unterschiedlich gut operabel bzw. messbar sein.

− Ziele als Handlungswirkungen müssen durch Veränderungen im Objekt beschreibbar sein. Zwischen solchen Veränderungen können empirische Zusammenhänge bestehen. Man nennt sie technologische Zielbeziehungen. Die technologische Zielbeziehungen bieten ebenfalls eine Möglichkeit zur horizontalen Ordnung. Zwei Ziele Z und $\bar{Z}$, von denen unterstellt sei, dass ihr Ertrag messbar ist, können auf drei unterschiedliche Arten sachlich (empirisch überprüfbar) zusammenhängen:

— Zielkonkurrenz (ein Ertragszuwachs von Z impliziert automatisch die Abnahme von $\bar{Z}$.)

— Zielkomplementarität (ein Ertragszuwachs von Z führt zu einem Ertragszuwachs von $\bar{Z}$.)

— Zielindifferenz (eine Veränderung des Ertrages von Z hat keinen Einfluss auf den Ertrag von $\bar{Z}$.)

− Ziele besitzen als gewollte Handlungswirkungen für das zielsetzende Subjekt einen Wert. Es lassen sich daher auch auf der Wertebene Zielbeziehungen angeben, wobei für zwei Ziele Z und $\bar{Z}$ folgende Differenzierung möglich ist:

— Zielsubstituierbarkeit (Z kann wertmässig durch $\bar{Z}$ mehr oder minder ersetzt werden.)

— Zielkonkurrenz (der Wert, der eine Erfüllung von Z beigemessen wird, geht zurück, wenn gleichzeitig auch $\bar{Z}$ erreicht wird. $\bar{Z}$ ist also ein Ziel mit negativem Wert.)

— Zielkomplementarität (Z besitzt nur dann einen Wert, wenn zugleich auch $\bar{Z}$ erreicht wird.)

— Zielindifferenz (der Wert von Z und der Wert von $\bar{Z}$ sind voneinander unabhängig).

In Tabelle 19 ist ein Beispiel für ein geordnetes Zielsystem aufgeführt. Es ist das Ergebnis einer Analyse von Raumordnungs- und Fremdenverkehrsprogrammen zum Thema Erholung. Die vertikale Ordnung ergibt sich aus Zweckmittel-Beziehungen und dem unterschiedlichen Grad der Operationalisierung der einzelnen Zielelemente. Die horizontale Zielordnung ist nicht im Detail untersucht worden.

Tabelle 19: Zielsystem Niedersachsen

Allgemeine Grundsätze der Raumordnung	Vorranggebiete für Freizeit und Erholung	Allgemeine Struktur der Vorranggebiete	Bezug zu Fachplanungen, Einrichtungen in den Vorranggebieten, Fremdenverkehrspolitik
Y 1.1 Eine angemessene Versorgung der Bevölkerung mit Erholungseinrichtungen. (FVPN 74, S. 13)	Y 2.1 Planung, Sicherung und Entwicklung von Landschaften für die Erholung und zur Entfaltung von Freizeitaktivitäten. (LEP N 73, S. 176)	Y 3.1 Alle wertvollen Landschaftsteile, einschl. des Zugangs zu ihnen, sind grundsätzlich von einer Besiedlung freizuhalten. (ROP N 73, S. 26)	Y 4.1 Berücksichtigung von Freizeitbedürfnissen bei wasserbaulichen Massnahmen. (LEP N 73, S. 534)
Y 1.2 Mit Rücksicht auf die wachsende Bedeutung der Freizeit sind ausreichende Erholungsräume zu sichern und zu entwickeln. (ROP N 73, S. 4)	Y 2.2 Ausbau und Unterhaltung von Ferienerholungsgebieten. (LEP N 73, S. 180)	Y 3.2 Erhaltung von Erholungsräumen in ihrem Erscheinungsbild. (ROB N 74, S. 95)	Y 4.2 Im Rahmen der Flurbereinigung: Bereitstellung von Flächen für Erholungsgebiete, Sporteinrichtungen, Wasserflächen und dergl. (LEP N 73, S. 534)
	Y 2.3 Erhöhung der Attraktivität von Fremdenverkehrsgebieten durch das Angebot vielfältiger Betätigungsmöglichkeiten. (LEP N 73, S. 534)	Y 3.3 Erstellung von Landschaftsrahmenplänen als Grundlage für den Ausbau der Erholungsräume. Inhalt: – Flächennutzung – Erschliessung – Ausstattung, insbesondere Beachtung von Wassersportmöglichkeiten – Vermeidung von Überlagerungskonflikten – Sicherung von Flächen für den ruhenden Verkehr – Analyse und Bewertung der Landschaftsbelastung – zeitliche Folge von Planungen. (ROP N 73, S. 255)	Y. 4.3 Verbesserung der natürlichen Erholungseignung im Rahmen landschaftsverändernder Massnahmen wie z. B. Rekultivierung von Bodenentnahmestellen, insbes. Ausbau von Badeseen. (LEP N 73, S. 533)
	Y. 2.4 Sicherung und Entwicklung von Erholungsgebieten für die kurzfristige Erholung in der Nähe von Schwerpunkten für Arbeits- und Wohnstätten. (ROP N 73, S. 25)	Y. 3.4 Einrichtung von Erholungsschwerpunkten und Freizeitparks. (ROP N 73, S. 25)	Y. 4.4 Berücksichtigung der Bedürfnisse der Sportschiffahrt und Sportfliegerei. (LEP N 73, S. 534) Y. 4.5 Verstärkung abwechslungsreicher Laub- und Mischwaldbestockung. (LEP N 73, S. 534)
	Y. 2.5 Vorrangige Sicherung, Schaffung und Entwicklung von Na-	Y. 3.5 Die verschiedenen Fremdenverkehrsarten sind ihren Anforderungen entsprechend zu fördern. (ROP N 73, S. 8)	Y. 4.6 Erhöhung der fremdenverkehrlichen Attraktivität von Gemeinden und Gebieten. (FVPN 74, S. 15)

turparken in den 12 grossflächigen Erholungsräumen Niedersachsens von überregionaler Bedeutung. (ROP N 73, S. 25)

Y 2.6
Beseitigung von Engpässen, welche durch die räumliche und zeitliche Konzentration der Erholungsnachfrage entstehen. (FVPN 74, S. 13)

Y 3.6
Die qualitative Verbesserung des Angebotes an Erholungsmöglichkeiten hat vor der Entwicklung neuer Fremdenverkehrsgebiete Vorrang. Dies gilt auch für Heilbäder (ROP N 73, S. 9)

Y 3.7
Ausstattung von Erholungsgebieten mit Erholungseinrichtungen. (ROP N, S. 95)

Y 3.8
Schaffung und Bereitstellung von Ausflugszielen, die von den Ballungsgebieten aus in 60 Min. Fahrzeit erreicht werden können und deren Kapazität gross genug ist, um den Ausflugsverkehr aufnehmen zu können. (ROB N 76, S. 61)

Y 3.9
Ausbau und Unterhaltung von Naherholungsgebieten insbes. Bau von – Parkplätzen, – Reit-, Rad- und Badeplätzen sowie die Schaffung von – Wasserflächen, – Aussichtspunkten, – Freizeitparks. (LEP N 73, S. 180)

Y 3.10
Schutz von Erholungsräumen vor Beeinträchtigungen und konkurrierenden Nutzungen. Erlassung von Schutzverordnungen. (ROB N 74, S. 95)

Y. 4.7
Förderung des Urlaubs auf dem Bauernhof. (LEP N 73, S. 543)

Y. 4.8
Saisonverlängerung. TFVPN 74, S. 15)

Y 4.9
Steigerung der Anzahl der Gästeübernachtungen. (FVPN 74, S. 15)

Y 4.10
Verlängerung der durchschnittl. Verweildauer. (FVPN 74, S. 15)

7.23 Zielplanung

Zangemeister versteht unter Zielplanung „vorausschauendes, systematisches Durchdenken von angestrebten Handlungswirkungen und deren Darstellung in einem Zielsystem." (Zangemeister, 1978, S. 172) Zielplanung meint daher stets auch Zielformulierung, Zielbewertung und Zielauswahl.

Zangemeister (1978) hat das Konzept und Verfahren der systemanalytischen Zielplanung ausführlich dargestellt. Ich kann mich daher hier auf eine kurze Zusammenfassung beschränken. Abbildung 37 schildert die wichtigsten Etappen eines Zielplanungsprozesses.

Abbildung 37: Ablaufmuster eines Zielplanungsprozesses

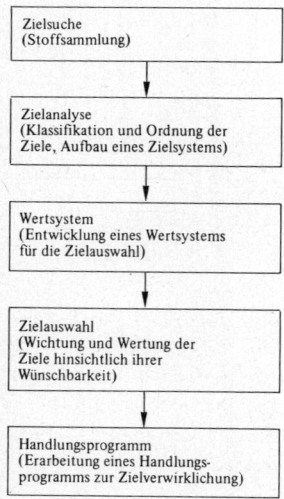

Zielsuche
(Stoffsammlung)

Zielanalyse
(Klassifikation und Ordnung der
Ziele, Aufbau eines Zielsystems)

Wertsystem
(Entwicklung eines Wertsystems
für die Zielauswahl)

Zielauswahl
(Wichtung und Wertung der
Ziele hinsichtlich ihrer
Wünschbarkeit)

Handlungsprogramm
(Erarbeitung eines Handlungs-
programms zur Zielverwirklichung)

Am Anfang jeder Zielplanung steht zunächst die Zielsuche, d. h. alle einigermassen vernünftig erscheinenden Ziele werden in der Art einer Stoffsammlung zusammengestellt. In einem zweiten Schritt wird das so gewonnene Zielsystem geordnet und ergänzt. Dabei wird zugleich die Beziehung zwischen Zielen und zugehörigen Massnahmen durchdacht. Im dritten Schritt wird das Wertsystem entworfen und formuliert, das der Zielauswahl und

Zielgewichtung zugrunde gelegt werden soll. Das Ergebnis von Schritt vier ist die Wichtung und Wertung der Ziele hinsichtlich ihrer Wünschbarkeit. Im letzten und fünften Arbeitsgang wird das so entwickelte Zielsystem der Erarbeitung eines Handlungsprogrammes (einer Planung) zugrunde gelegt. Stellt sich heraus, dass den Elementen des Zielsystems keine durchführbaren Handlungen entsprechen, so muss das Zielsystem korrigiert werden.

Es ist offensichtlich und auch in Abbildung 37 dargestellt, dass die Ergebnisse der einzelnen Schritte des Zielplanungsprozesses rückgekoppelt werden und so Korrekturen vorgenommen werden können.

Das eben dargestellte Flussdiagramm eines Zielplanungsprozesses darf nicht mechanistisch als unter allen Umständen durchzuführendes Arbeitsschema verstanden werden. Es soll vielmehr lediglich eine Vorgehensstrategie modellieren.

7.24 Zielprojektionen

Die durch Ziele beschriebenen Situationen werden häufig erst dann wirklich präzise vorstellbar, wenn das betreffende Zielsystem eindeutig auf einen bestimmten Objektbereich bezogen und möglichst quantitativ formuliert ist. Räumliche Zielprojektionen versuchen diesen Grad der Konkretheit zu erreichen. Sie sind zudem ein wichtiges Instrument der Landschafts- und Raumplanung. Als räumliche Zielprojektion wird hier die auf einen bestimmten Raum oder eine eindeutig umrissene Region ausgerichtete (sofern durchführbare), quantifizierte Konkretisierung eines allgemeinen Zielsystems bezeichnet.

Zielprojektionen spielen für Planungen und die Koordination politischer Handlungen eine wichtige Rolle. Sie liefern das Orientierungsmuster, an dem sich Aktionen, Handlungen und Verhalten ausrichten können. Zielprojektionen können nicht nur als Leitbilder für konkretes Handeln dienen, sie können auch zum Hilfsmittel einer rationalen Zielformulierung werden, da sich durch sie die räumlichen und quantitativen Konsequenzen eines vorgegebenen Zielsystems aufzeigen lassen.

Das Grundmuster einer räumlichen Zielprojektion ist in Abbildung 38 skizziert.

Abbildung 38: Muster einer räumlichen Zielprojektion

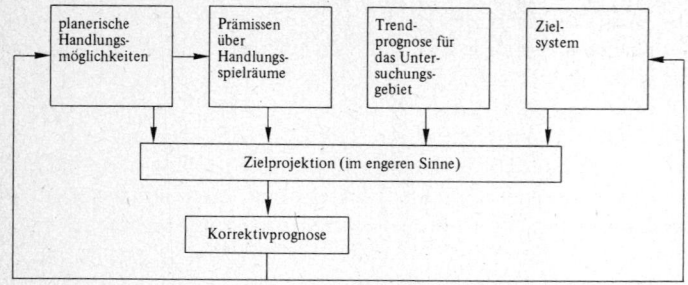

Der Entwurf einer Zielprojektion ist – aus planungsmethodischer Sicht – an mehrere Voraussetzungen gebunden:

- Zunächst muss ein allgemeines Zielsystem vorliegen, das die Ziele und Werte umfasst, welche der Zielprojektion zu Grunde gelegt werden sollen (d. h. der Werte und Ziele, die durch die Projektion räumlich und quantitativ zu konkretisieren sind).

- Die vermutliche zukünftige Entwicklung des Untersuchungsbereiches ist durch Trendprognosen vorherzusagen.

- Es sind die Instrumente und Handlungsmöglichkeiten zu benennen, durch die der Planer oder die ihn beauftragende Institution in die Entwicklung des betreffenden Gebietes eingreifen können.

- Die Wirksamkeit dieser Steuerungsmöglichkeiten sind abzuschätzen, so dass in die Zielprojektion nur Zielkonkretisierungen aufgenommen werden, die im tatsächlichen Bereich möglicher zukünftiger Entwicklungen liegen.

Eine Zielprojektion zerfällt in der Regel in zwei Arbeitsschritte (vgl. Stiens, 1977):

- die „eigentliche" Zielprojektion (sie dient der oben beschriebenen Konkretion eines Zielsystems.)

- die Korrektivprognose (durch die Korrektivprognose wird versucht, abzuschätzen, welche Konsequenzen die Verwirklichung der Zielprojektion für alle die Variablen und Verhältnisse des Untersuchungsgebietes hätte, die nicht in die Zielprojektion aufgenommen worden sind.) (Die Ergebnisse der Korrektivprognose sollen dazu dienen, das angestrebte Zielsystem oder den Einsatz planerischer Mittel zu korrigieren.)

154

Abbildung 39 gibt den eben geschilderten strukturellen Aufbau einer Zielprojektion wieder.

Abbildung 39: Voraussetzungen und Aufbau einer Zielprojektion

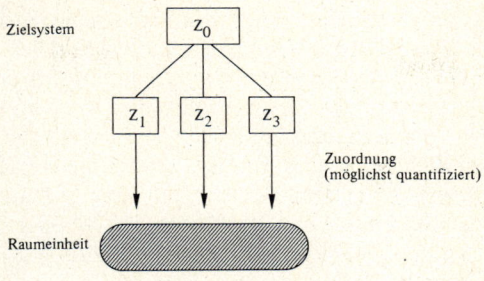

Die Arbeitsschritte für eine Zielprojektion ergeben sich im wesentlichen aus dem bereits Gesagten. Die wichtigsten von ihnen sind in Abbildung 40 zusammengestellt.

Abbildung 40: Ablaufschema für eine Zielprojektion

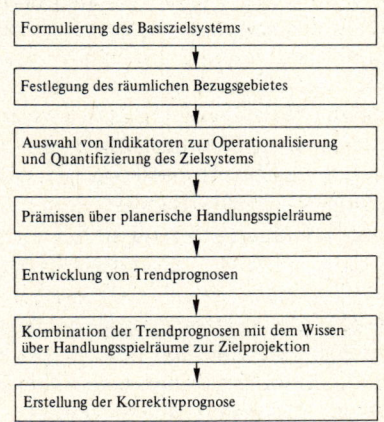

Zielorientiertes Handeln ist allemal Zweck-Mittel-Handeln. Ziele können nur im Rahmen von Zweck-Mittel-Rationalität handlungsleitend werden.

Zielanalysen zu einem Kernpunkt von Planung zu machen, heisst Planung als Zweck-Mittel-Handlung zu deuten. Dies ist häufig nicht nur problematisch, sondern oft sogar irreführend. Individuelles Planungshandeln erfolgt keineswegs stets unter Zweck-Mittel-Gesichtspunkten und politische Planungsprozesse müssen in der Regel eher als soziale Interaktion denn als Zweck-Mittel-Handlungen eines gesellschaftlichen Subjektes gedeutet werden. (Vgl. hierzu Abschnitt 4 in: Bechmann, 1978 oder Luhmann, 1973)

Die Techniken der Ordnung eines Zielsystems und der Zielplanung setzen zudem voraus, dass zwischen Zielformulierung bzw. Zielauswahl und Handlung getrennt werden kann, dass Ziele und Teilziele voneinander isolierbar sind und dass der Arbeitsvorgang der Zielsuche und der der Zielbewertung weitgehend unabhängig voneinander durchführbar sind.

Zielsysteme sind folglich wesentlich kompliziertere Gebilde als die geschilderte Methode der Zielanalyse vermuten lässt. Die folgenden acht Thesen deuten die Kompliziertheit der Struktur von Zielsystemen an:

1. Der Fixpunkt zielgerichteten Handelns sind Ziele. Ziele werden dabei sinnvollerweise nicht frei, sondern unter Berücksichtigung der zur Verfügung stehenden Mittel gesetzt.
   Die Reflexion der Realisierungsbedingungen von Zielen erfolgt beim bewusst zielgerichteten Handeln durch das Bewusstsein des handelnden Subjektes, während sie im anderen Fall einem gesellschaftlich vermittelten Selektionsvorgang vorbehalten bleibt.

2. Handlung ist aus Vergleichsvorgängen (der Soll- und der Istwert des jeweiligen Zieles werden miteinander verglichen) und Veränderungsvorgängen (das Objekt der Handlung verändert sich im Ablauf der Planung) zusammengesetzt.

3. Die beiden eben genannten Typen von Handlungsbausteinen lassen sich nicht linear aneinanderketten, sondern sie sind zu Teilhandlungen zusammenfassbar, die von einem eigenen Teil-

ziel gesteuert werden, welches ein Oberziel zu den Zielen der Handlungsbausteine ist.

4. Die eine Handlung steuernden Ziele stehen somit in einer hierarchisch-sequentierten Ordnung, wobei jeweils das höhere Ziel gegenüber niedrigeren Zielen Kontroll- und Steuerungsfunktionen erfüllt.

5. Die niedrigeren Ziele sind gegenüber dem höheren jedoch in gewissem Umfang autonom. Sie werden von ihm nur soweit determiniert, als seine eigene Erreichung gesichert ist. Abbildung 41 gibt die Vermischung der verschiedenen Zielebenen einer Handlung wieder.

Abbildung 41: Einfaches kybernetisches Strukturmodell des zielgerichteten Handelns nach Volpert und Hackert. (Vgl. Volpert, 1974, S. 33)

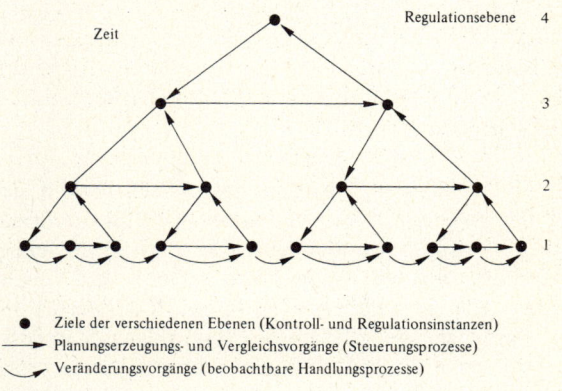

● Ziele der verschiedenen Ebenen (Kontroll- und Regulationsinstanzen)
——▶ Planungserzeugungs- und Vergleichsvorgänge (Steuerungsprozesse)
⌒ Veränderungsvorgänge (beobachtbare Handlungsprozesse)

6. Die erfolgreiche Durchführung einer Handlung setzt in der Realität nicht voraus, dass alle Teilziele (insbesondere die der unteren Ebenen) und alle Veränderungsvorgänge bereits vor dem Handlungsbeginn eindeutig festgelegt und im Bewusstsein des Handelnden gespeichert sind, sondern es wird unterstellt, dass die Festlegung einzelner Teilziele und Veränderungsschritte erst im Handlungsverlauf selbst erfolgt. (Aus einem vorgegebenen Handlungsziel lassen sich also keineswegs alle Veränderungsschritte, mit denen es in einer realen Handlung verwirklicht wird, im vornhinein eindeutig deduzieren.)

(Viele Wege führen nach Rom. Verschiedene Mittel können die gleiche Wirkung haben.)

7. Die Auswahl der zu durchlaufenden Teilziele und Veränderungsvorgänge orientiert sich im Planungsalltag an den jeweiligen Oberzielen und an einem Rationalitätsprinzip, welches besagt, dass unerreichbare Ziele oder Ziele, die erst nach langer Zeit erreichbar sind, nicht angesteuert werden und dass der zur Zielerreichung notwendige Aufwand möglichst gering zu halten ist.

8. Die Regulation individueller Handlungen erfolgt im Allgemeinen auf drei Ebenen,
   - der sensomotorischen Regulationsebene,
   - der perzeptiv-begrifflichen Regulationsebene,
   - der intellektuellen Regulationsebene. *Zielanalyse*

Die Zielanalyse berücksichtigt nur die dritte dieser Ebenen.

7.3   Richtwerte

7.31   Der Begriff

Richtwerte sind handlungsbezogen. Sie können sowohl als Massstäbe für die Produktion von Waren als auch für die Strukturierung und Gestaltung von Bereichen der physischen, geographischen oder der sozialen Umwelt von Mensch und Gesellschaft dienen. Der hier verwendete Begriff des Richtwertes schliesst Orientierungswerte, Bedarfswerte, Richtzahlen, Standards und Schwellenwerte ein. Richtwerte haben stets direktiven, weisenden Charakter. Sie entlasten den Planer oder allgemein den Handelnden, indem sie ihm für sein Tun ein Orientierungsbild vermitteln. Richtwerte haben im Planungsgeschehen mehrere Bezugspunkte. In ihnen vermischen sich:
- Wertvorstellungen und Normen,
- Eigenschaften des Objektes bzw. des sozialen Bereiches, auf das bzw. auf den sich der jeweilige Richtwert bezieht,
- Bedürfnisse, Wünsche, Interessen oder Leistungsanforderungen, die die Benutzer an das betreffende Objekt richten oder die von den dem betreffenden sozialen Bereich zugehörenden Personen ausgehen,

Hinweise darauf, wie eine bestimmte Handlung oder Planung auszuführen ist (Handlungsanleitung bzw. Handlungsnormierung).

Abbildung 42 versucht die eben aufgeführten Dimensionen eines Richtwertes bildhaft darzustellen.

Abbildung 42: Die Struktur von Richtwerten

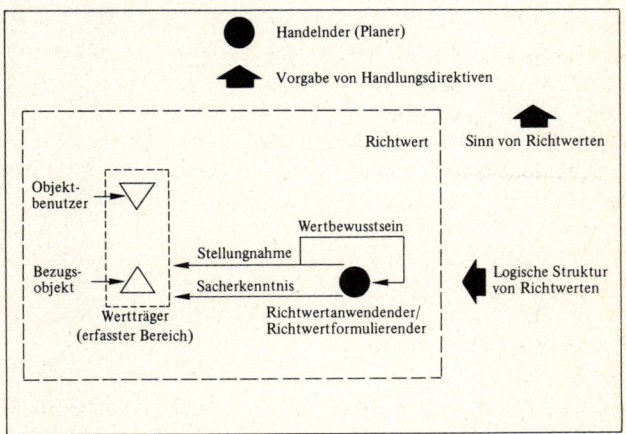

Als Handlungsanleitung und Handlungsinstrument müssen Richtwerte Operationalitätsanforderungen genügen; d. h. sie müssen so formuliert sein, dass z. B. ihr Anwender (der Planer) in der Lage ist, festzustellen, ob ein bestimmter Richtwert eingehalten wird oder nicht. Dies setzt Messbarkeit voraus.

Richtwerte haben allein schon aufgrund der eben ausgeführten Merkmale eine komplizierte Struktur. Dies übersieht man leicht, wenn man nur ihre äussere Gestalt (z. B. eine irgendwie dimensionierte Zahl) in Betracht zieht.

Richtwerte können hinsichtlich ihrer Zwecksetzung typisiert werden. So unterscheidet z. B. Jansen (1968, S. 88):

- technologische Richtwerte (sie drücken die technologischen Beziehungen aus, die erfüllt sein müssen, damit das Bezugsobjekt bzw. das Bezugssystem technisch funktionieren kann);
- sozio-ökonomische Richtwerte (sie basieren auf der empirischen Kenntnis durchschnittlicher gesellschaftlicher Struk-

turen wie z. B. der Familiengrösse, dem Monatseinkommen . . .
oder in ihnen werden soziale Leitbilder artikuliert, z. B. die
Grösse einer Schulklasse);
– wert- oder interessengeformte Richtwerte (sie geben in erster
  Linie herrschende oder sich als durchsetzungsfähig erweisende
  Wert- und Interessenkonstellationen wider. Sie haben häufig
  Leitbildfunktionen für politische Auseinandersetzungen).
Es ist offensichtlich, dass diese Unterscheidung keineswegs trenn-
scharf und eindeutig ist. Es gibt vielmehr fliessende Übergänge
zwischen den drei Klassen. So stellen z. B. Richtwerte hinsichtlich
der Umweltbelastung eine Mischung aus allen drei der eben aufgeführten Richtwerttypen dar.
Die planerische Relevanz von Richtwerten hängt eng mit ihrem
Verbindlichkeitsgrad zusammen. Richtwerte können in unterschiedlichem Masse gültig sein, d. h. es gibt Richtwerte
– die gesetzlich verankert sind,
– an die sich ein Fachverband, eine Verwaltung . . . freiwillig bin-
  det,
– die von einem Fachverband, einer Verwaltung . . . als Empfeh-
  lung ausgesprochen werden,
– die von einer Interessengruppe vertreten werden, ohne zunächst eine darüber hinausgehende Verbindlichkeit zu besitzen. Solche Richtwerte drücken reine Forderungen aus.
Richtwerte lassen sich auch hinsichtlich des Zeitaspektes klassifizieren. So unterscheidet z. B. Curdes (1966, S. 6) zwischen:
– Bestandswerten (sie geben Auskunft über den Zustand eines
  Untersuchungsobjektes, eines Untersuchungsraumes oder einer
  sozialen Gruppe);
– Zielwerten (in ihnen drückt sich die handlungsbezogene Operationalisierung von Zielen und Leitbildvorstellungen aus).

7.32 Der Sinn und die planerische Funktion von Richtwerten

Der Sinn von Richtwerten ergibt sich aus ihrer Funktion in Hand-
lungs- oder Planungsprozessen, Direktiven zu geben. Sie müssen
daher operabel und nach Möglichkeit quantifiziert sein.
Richtwerten können in Planungsprozessen unterschiedliche Funktionen zukommen. (Funktion meint hier: Leistung bzw. Aufgabe
als Beitrag zum Funktionieren eines Planungsprozesses.)

160

In Tabelle 20 sind die wichtigsten Funktionen von planungsbezogenen Richtwerten zusammengestellt. Es ist offensichtlich, dass — obwohl sicherlich einem Richtwert nicht alle aufgeführten Funktionen zukommen — die meisten in einem Planungsprozess zur Geltung gelangenden Richtwerte mehr als eine Funktion erfüllen.

Planung, die von Richtwerten geleitet wird, neigt dazu, den beplanten Bereich als artikulationsunfähiges Objekt zu betrachten und zu behandeln (Aussensteuerung). Richtwertplanung kann leicht Partizipationsinteressen entgegenstehen, da das Arbeiten mit Richtwerten den Planer und die Entscheidungsträger dazu verführt, sich nicht mehr direkt mit den Betroffenen auseinanderzusetzen.

7.33 Die Formulierung und Fundierung von Richtwerten

Richtwerte können auch in verschiedener Form und auf der Basis unterschiedlicher Konzepte formuliert werden

In formaler Hinsicht lässt sich unterscheiden zwischen qualitativen und quantitativen Richtwerten sowie zwischen Schwellenwerten und Schwellenbereichen (Intervalle, die durch einen oberen und einen unteren Grenzwert abgesteckt sind).

Der Formulierung von Grenzwerten können drei Konzepte zugrunde liegen.

- Richtwerte als operationalisierte Leitbilder (zu dieser Kategorie gehören alle Richtwerte, die Versorgungsaspekte, Zielprojektionen oder Bedarfsanforderungen widergeben);
- Richtwerte als Interventionsauslöser (alle Richtwerte, die Ober- bzw. Untergrenzen markieren, durch die die zulässige Belastung bzw. die Funktionsfähigkeit eines Objektes oder einer sozialen Gruppierung markiert werden, grenzen stets das Tolerierbare gegen das Nicht-Tolerierbare ab);
- Richtwerte als Ausdruck des Üblichen (alle Richtwerte, die auf Durchschnittsbildung beruhen, erheben das Gewöhnliche, das Durchschnittliche, das Übliche zum Massstab, an dem sich das Aussergewöhnliche messen lassen muss).

Tabelle 20: Funktionen von planungsbezogenen Richtwerten

Funktionstypen	Funktionen
Formale und technische Funktionen von Richtwerten	– Operationalisierung von Wert- und Zielvorstellungen – Vorgabe von Handlungszielen bzw. von Systemsollwerten – Schematisierung und Standardisierung von Entscheidungen – Schaffung von Transparenz im Sinne der Nachvollziehbarkeit von Entscheidungen – Setzung von Kontrollinstanzen, an den auch im Nachhinein das Funktionieren des geplanten und geschaffenen Systems gemessen werden kann
inhaltliche Strukturierung von Entscheidungen durch Richtwerte	– Umsetzung von Wertvorstellungen und Zielsetzungen in Handlungen – Bedarfsfestsetzung, Festlegung von Toleranzbereichen, Schwell- und Grenzwerten – Manifestation von Interessenkonflikten – Kompromissformeln für Interessengegensätze
politische Funktionen von Richtwerten	– Schaffung von Legitimation gegenüber den Planungsbetroffenen – Entlastung des Planers vom Legitimationsproblem – Ausdruck der konkreten Bedürfnisse der unmittelbar Planungsbetroffenen – Vorabbeschränkung von Handlungsspielräumen (Planung findet nur noch in den von Richtwerten gesetzten Grenzen statt) – Planung des öffentlichen Bewusstseins oder des Planerbewusstseins (so z. B. durch die DOG-Richtwerte)

generelle Funktionen von Richtwerten für Planungssysteme	– räumliche, zeitliche und personelle Aufspaltung von Planungsentscheidungen in Teilentscheidungen (so z. B. in die Entscheidung über ein konkretes Planungsobjekt)
	– Reduktion der Komplexität von Planungsentscheidungen, indem
	  – die Einzelentscheidung an einer allgemeingültigen Richtlinie orientiert wird
	  – die Einzelplanung in den Bereichen, in denen auf Richtwerte zurückgegriffen wird, weitgehend von Wert- und Zielfindungsprozessen entlastet wird
	– Ersatz von differenzierten, auf die konkrete Situation bezogenen Analysen durch die Übernahme von Richtwerten
	– Bindeglied zwischen Zweck- und Konditionalprogrammen, Richtwertplanung ist konditionalprogrammiert
	– Eindeutigkeit der angestrebten Zielwerte

In Abbildung 43 sind Beispiele unterschiedlicher Richtwerttypen aufgeführt.

Abbildung 43: Typen von Richtwerten

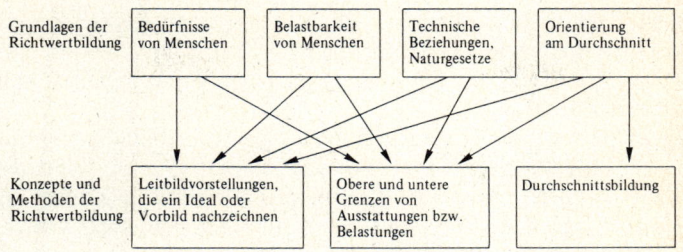

Richtwerte sind nur insoweit faktisch gültig wie sie sozial akzeptiert oder durchgesetzt werden. Verfahren der Richtwertbildung haben somit stets auch einen politischen Charakter. In ihnen fliessen Sachwissen und Wertungen im Hinblick auf Handlungsanleitungen zusammen.

In Prozesse der Richtwertbildung gehen folglich unterschiedliche Informationen und unterschiedliche Wertvorstellungen ein, die auf verschiedenem Wege gewonnen und von verschiedenen, am Planungsgeschehen beteiligten Rollenträgern gesammelt bzw. produziert werden.

— Planungsbezogene Wissenschaft kann mit dem breiten Spektrum empirischer Methoden und den auf empirischen Ergebnissen aufbauenden Theorien Sachkenntnis über
  — das beplante Objekt (bzw. ähnliche Objekte),
  — die auf das Objekt gerichteten Interessen und Bedürfnisse,
  — Prognosen der planerischen und politischen Wirkungen der Wahl bestimmter Richtwerte,
  bereitstellen;

— Politiker haben in erster Linie über die sich in Richtwerten ausdrückenden Werthaltungen zu befinden und die sich schliesslich ergebenden Interessenkompromisse auszuhandeln. Beides sollte (im Idealfall) unter der Berücksichtigung des vorhandenen Sachwissens und nicht nur unter dem Druck von Interessenten und Betroffenen geschehen;

– Planungsinteressierte und Planungsbetroffene versuchen, soweit sie artikulationsfähig sind, ihre Interessen und Bedürfnisse so zu formulieren und zu vertreten, dass sie in die Richtwertbildung – sei es über die Sach- oder über die Wertkomponente – eingehen.

Bereits diese stark abstrakte Analyse des Entstehungsprozesses von Richtwerten macht deutlich, dass

– die Richtwertentstehung im allgemeinen ein komplexer, politischer Prozess ist,

– der Beitrag von Wissenschaft an der Richtwertbildung stets nur ein Teilbeitrag sein kann. (Planungsrelevant wird ein Richtwert erst dadurch, dass er planungspolitischen Entscheidungen als Grundlage dient, was selbst wiederum eine planungspolitische Entscheidung voraussetzt.)

Der Planer, der mit Richtwerten umgeht, sollte nie aus dem Auge verlieren, dass Richtwerte nicht nur Sachwissen, sondern vor allem auch festgefrorene politische Wert- und Machtkonstellationen repräsentieren.

7.4 Wirkungsanalysen

7.41 *Zur logischen Struktur von Wirkungsanalysen*

Wirkungsanalysen versuchen Antworten auf solche Fragen zu finden wie

– was ist die Ursache der Erscheinung . . .? ,
– was passiert, wenn . . .?

Wirkungsanalysen gehören zum Instrumentarium jeder sinnvollen Planung. Sie helfen herauszufinden, welchen Entwicklungen durch Planung entgegengesteuert werden kann bzw. sollte und was die vermutlichen Folgen einer bestimmten Planung sein werden.

Allen Zweck-Mittel orientierten Planungskonzeptionen liegt das „Prinzip des aufgeklärten Handelns" zugrunde. Es besagt, dass nur solche Handlungen als rational einzustufen sind, deren Konsequenzen durchdacht und im Hinblick auf die verfolgten Ziele gewertet wurden, bevor man sich für sie entschied. Das „Prinzip des aufgeklärten Handelns" lässt sich auf die Kurzformel „erklären – verstehen – handeln" bringen. (Vgl. Abb. 43)

Abbildung 44: Das Prinzip des aufgeklärten Handelns

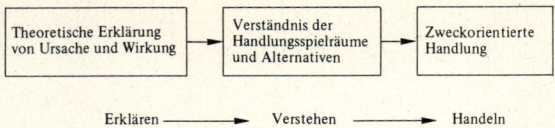

Erklären ──────► Verstehen ──────► Handeln

In Planungszusammenhängen können Wirkungsanalysen auf drei Ebenen thematisiert werden, als

— konkrete Wirkungsanalysen (d. h. als Fallstudien),

— planerische Methodik (Verfahrensstruktur und Verfahrensablauf),

— philosophische und wissenschaftstheoretische Problemstellung (Begriffsbildung, Sinn der Zweck-Mittel-Rationalität als Handlungsgrundlage, Kausalitätsproblematik).

Beginnen wir mit der dritten Fragestellung, so können wir zunächst im Hinblick auf den Zeitaspekt zwei Varianten der Wirkungsbetrachtung unterscheiden:

— Die prognostische Wirkungsanalyse. Sie fragt nach den Folgen einer Entwicklung oder einer Massnahme, indem sie eine Antwort auf die Frage: ,,was wird geschehen, wenn die Entwicklung x abläuft oder die Massnahme y ergriffen wird? '' sucht. Ihre Struktur ist in Abbildung 45 skizziert.

Abbildung 45: Grundstruktur einer prognostischen Wirkungsanalyse

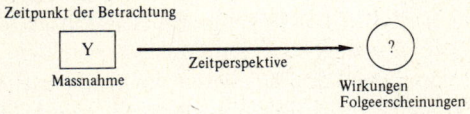

— Die retrospektive Wirkungsanalyse. Sie sucht nach den Ursachen von bereits bekannten, beobachtbaren Erscheinungen, indem sie die Frage stellt: ,,Was ist die Ursache der Erscheinung a)? '' Ihre Struktur wird durch Abbildung 46 wiedergegeben.

Abbildung 46: Grundstruktur einer retrospektiven Wirkungsanalyse

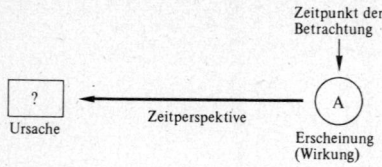

Wirkungsanalysen basieren — wie auch immer sie im einzelnen gestaltet sein mögen -- stets auf der Annahme, dass die Welt kausalen Gesetzen folgt. D. h. Wirkungsanalysen liegt die Kausalvorstellung zugrunde, die besagt, dass jede Erscheinung eine Ursache hat. (Vgl. Abb. 47)

Abbildung 47: Kausalvorstellung

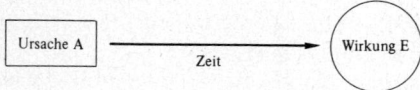

Abbildung 47 kann auf zwei Arten interpretiert werden:
— A ist Ursache von E,
— E ist Folge von A.
Der Begriff der Ursache wird in der Alltagssprache in unterschiedlicher Bedeutung verwendet. Dies liegt in erster Linie daran, dass unter einer Ursache in der Regel mehrere Faktoren und Gesetzmässigkeiten zusammengefasst werden. Sprechen wir in der Alltagssprache von Ursachen, so greifen wir meist nur eine dieser Komponenten auf. Die folgenden Beispiele sollen dies demonstrieren:
— Die Torte fiel zu Boden, weil Anna-Maria sie losgelassen hatte. Was ist die Ursache?
— Der VW mit den abgefahrenen Reifen wurde bei einer Geschwindigkeit von 80 km/h aus der lehmverschmierten, nassen, engen Kurve getragen. Was ist die Ursache?
Wirkungsanalysen bemühen sich um eindeutige, nachvollziehbare und belegbare Argumentationen. Dies stellt den Planer vor das Problem, Begriffe wie Kausalität, Kausalgesetz (d. h. den Zusam-

166

menhang von Ursache und Wirkung) so präzise zu fassen, dass sie zur Grundlage von planungstauglichen Wirkungsanalysen werden können.

Der Begriff des Kausalgesetzes lässt sich generell auf zwei Arten verstehen (vgl. Abb. 48) als

— exakte kausale Erklärung im Sinne der Naturwissenschaft,
— Kausalitätsprinzip im Sinne der Philosophie.

Abbildung 48: Interpretation des Kausalgesetzes

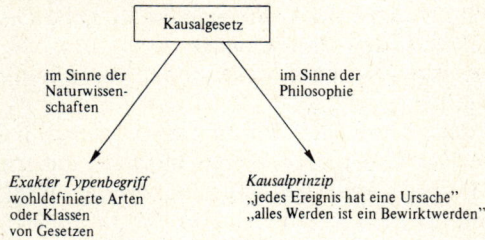

Die naturwissenschaftliche Interpretation des Kausalgesetzes zielt darauf ab, den Zusammenhang von Ursache und Wirkung in Form von kausalen Erklärungen zu fassen. Kausale Erklärungen geben „geschlossene bzw. vollständige" Antworten auf Warum-Fragen. Sie sind nach dem in Abbildung 49 dargestellten Prinzip aufgebaut.

Abbildung 49: Das Schema der kausalen Erklärung

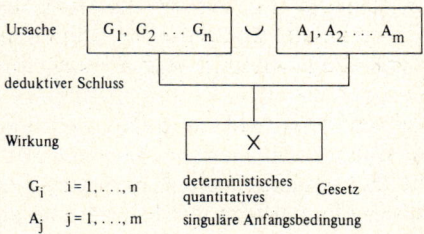

Die Konstruktion einer vollständigen, kausalen Erklärung ist an unterschiedliches, zumeist umfangreiches Wissen gebunden, dazu gehören:

— Kenntnis aller wirksam werdenden Gesetze,

- das Wissen, ob es sich um deterministische oder statistische Gesetze handelt,
- die quantitative Formulierung dieser Gesetze (sofern möglich),
- die Kenntnis aller wirksam werdenden Anfangsbedingungen A_j,
- die Gültigkeit der unterstellten Gesetze für den Anwendungsfall und das tatsächliche Eintreten der behaupteten Anwendungsbedingungen (dies kann nur empirisch festgestellt werden),
- die Kenntnis der Einzelkomponenten X_k (Einzelaspekte) der untersuchten (Folge-)Erscheinung,
- die Quantifizierung bzw. Messung der beobachteten Komponente X_k.

Offensichtlich gibt es viele Planungssituationen, in denen man Wirkungsbetrachtungen durchführen möchte oder müsste, ohne dass das für eine kausale Erklärung notwendige Wissen zur Verfügung steht.

Aus planerischer Sicht wird eine Wirkungsanalyse daher weniger am Modell der kausalen Erklärung, sondern eher am Modell eines Input-Output-Systems orientiert, d. h. es findet eine Problemumformulierung statt. Sie wird hier für das Beispiel eines Input-Output-Systems mit der Grundstruktur eines Mealy-Automaten vorgenommen. (Der Begriff und die Struktur des Mealy-Automaten werden in Anhang II entwickelt.)

Die Umformulierung der Frage nach Ursache und Wirkung besteht darin, dass man den Systemzustand z und den Input i als Ursache und den Systemzustand z' sowie den Output o als Wirkung betrachten kann. Den Vorteil der Uminterpretation sehe ich darin, dass man bei relativ konstanten Systemverhalten und bei wenig Systemveränderung (d. h. z und z' weichen höchstens geringfügig voneinander ab) die Gesetzmässigkeiten f_1 und f_2 nicht detailliert zu kennen braucht. Man muss lediglich aus Erfahrung wissen, welcher Output o als Folge eines bestimmten Inputs i aufzutreten pflegt, das bedeutet, dass man in diesem Fall detailliertes Gesetzes- und Grundlagenwissen durch Erfahrung ersetzen kann.

Im Modell des Mealy-Automaten sind Wirkungsanalysen somit an folgende Informationen gebunden:
- Identifikation des betrachteten Systems,
- Kenntnis der Gesetzmässigkeit F_1 (gegebenenfalls reines Erfahrungswissen, siehe oben),

— Kenntnis der Gesetzmässigkeit F_2 (auch hierbei kann es sich um reines Erfahrungswissen handeln, siehe oben),

— Beschreibung bzw. Messung von i, o, z und z'.

Für Systeme, deren Verhalten durch Erfahrung bekannt ist, sind Wirkungsanalysen auf der Basis von Mealy-Automaten also an wesentlich weniger Vorgabeinformationen gebunden als wenn sie dem Ideal der kausalen Erklärung zu folgen versuchten.

So sinnvoll diese Uminterpretation ist, so schwierig kann sie in der Regel von Naturwissenschaftlern nachvollzogen werden, da für diese jedes Abweichen vom Schema der kausalen Erklärung als Abweichen vom tugendhaften Pfad der Wissenschaftlichkeit erlebt wird.

7.42 Die Wirkungsanalyse als Planungsinstrument

Bisher sind nur die logische Kernstruktur von Wirkungsanalysen und mehrere Varianten der Kausalitätsbetrachtung andiskutiert worden. Dem Planer genügt dies nicht. Will er Wirkungsanalysen in Planungen einbeziehen, so muss er dieselben als Planungsinstrument ausformulieren. Die Operationalisierung von Wirkungsanalysen kann in verschiedener Form durchgeführt werden. In Abbildung 50 ist als erster Schritt in diese Richtung ein Ablaufdiagramm für Wirkungsanalysen dargestellt. Bereits aus ihm wird deutlich, dass eine Wirkungsanalyse in drei Teilprobleme zerfällt:

— Die Beschreibung des analysierten Systems einschliesslich der akut auf das System einwirkenden Inputs (Schritt 1 bis Schritt 4)

— Die Prognose der zu erwartenden System-Outputs und Systemveränderungen (Schritt 5)

— Die Wirkungsbeurteilung, d. h. die Bewertung der prognostizierten Folgen der Systembeeinflussung (Schritt 6)

Beim Durchlauf durch die einzelnen Arbeitsschritte kann sich der Planer unterschiedlicher Instrumente (Planungsmethoden und -techniken) bedienen.

Die Arbeitsschritte 1 bis 4 lassen sich mit Hilfe der verschiedensten Methoden zur Systemmodellierung und zur Datengewinnung bzw. -aufbereitung durchführen. Für den Arbeitsschritt 5 bieten sich die verschiedensten Prognoseverfahren an. Dabei lässt sich nur anwendungsfallbezogen entscheiden, welches von ihnen

Abbildung 50: Grobstruktur einer Wirkungsanalyse

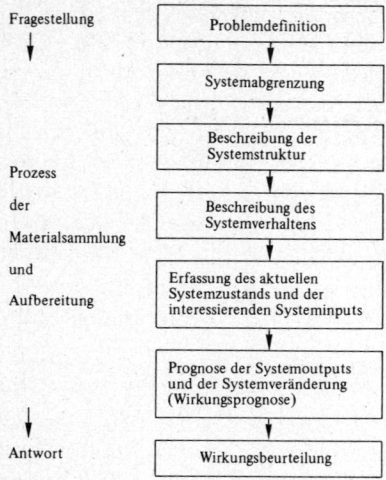

sinnvollerweise eingesetzt werden sollte. Auch das Spektrum der bei der Wirkungsbeurteilung einsetzbaren Verfahren ist sehr weit gefächert. Es reicht von verbalen Beurteilungen über Nutzwertanalysen bis hin zu Kosten-Nutzen-Analysen.

Die Vielfalt, der in einer Wirkungsanalyse miteinander kombinierbaren Planungstechniken, macht es unmöglich, ein detailliertes, allgemeines Schema der Wirkungsanalyse zu entwerfen, welches für sehr unterschiedliche Situationen verwendbar ist.

Im folgenden Abschnitt soll am Beispiel der Landschaftsplanung demonstriert werden, welche Varianten der Wirkungsprognosen zur Zeit bereits benutzt werden. Fragen der Systemabgrenzung und Systembeschreibung sollen dabei ebenso ausgeklammert bleiben wie die Darstellung und Diskussion von Methoden der Wirkungsbeurteilung.

Die Probleme, denen sich der Planer beim Entwurf einer Wirkungsanalyse gegenübersieht, lassen sich in zwei Hauptklassen einteilen:

— Planungstechnische Probleme
— Planungskonzeptionelle Probleme.

170

Tabelle 21 gibt einen Überblick hierzu. Sie soll an dieser Stelle nicht im einzelnen diskutiert werden, sondern lediglich auf den Umfang und die Vielschichtigkeit der Probleme hinweisen, die bei der Entwicklung und Durchführung einer jeden Wirkungsanalyse gelöst werden müssen. Hervorzuheben ist, dass keine Wirkungsanalyse ohne klare Systemabgrenzung möglich ist und dass jede Wirkungsanalyse stets auch auf Bezugstheorien über das betrachtete System und den in ihm geltenden Gesetzmässigkeiten beruht.

Tabelle 21: Konzeptionelle und technische Probleme einer Wirkungsanalyse

Planungskonzeptionelle Probleme	Planungstechnische Probleme
Art der Problemformulierung	Methode und Detailliertheit der Bestandsaufnahme
Art der Systemabgrenzung	Typ der Wirkungsanalyse
Bezugstheorien bzw. im Hintergrund der Analyse stehendes Erklärungskonzept	Form der Wirkungsbewertung (Wirkungsbeurteilung)
Art, Form und Tiefe der Wirkungsbeurteilung	Interpretation der Ergebnisse der Wirkungsprognose

7.43 Varianten der Wirkungsprognose

Wirkungsanalysen lassen sich — wie bereits erwähnt — in drei strukturell unterschiedliche Arbeitsschritte zerlegen; in die Bestandsanalyse, die Wirkungsprognose und die Wirkungsbeurteilung. Sie unterscheiden sich hinsichtlich der Zeit und der Art der in ihnen getroffenen Aussage. Die Bestandsanalyse ist gegenwartsbezogen, und in ihr werden Sachaussagen formuliert. Die Wirkungsprognose und die Wirkungsbeurteilung sprechen über Zukünftiges, wobei dies die Wirkungsprognose in Form von Sachaussagen und die Wirkungsbeurteilung in Form von Wertung tut. Tabelle 22 fasst das eben Gesagte zusammen.

Aus ihr lässt sich unmittelbar ersehen, dass die Wirkungsprognose die Sachgrundlage (das Sachwissen) für die Wirkungsbeurteilung

Tabelle 22: Eigenschaften der Hauptphasen einer Wirkungsanalyse

Zeitbezug ╲ Dimension	Sachebene	Wertungsebene
Gegenwart / Vergangenheit	*Bestandsanalyse* (Systembeschreibung, Erfassung der Wirkungsfaktoren)	*Bestandsbewertung* (Wertung des Bestandes im Hinblick auf Störgrössen, Mängel, Verbesserungsbedürftigkeit ...)
Zukunft	*Wirkungsprognose* (Beschreibung, Vorhersage von Veränderungen und Wirkungsfolgen)	*Wirkungsbeurteilung* (Bewertung der erwarteten Veränderungen und Wirkungsfolgen)

liefert, d. h. die Wirkungsprognose beantwortet im Rahmen einer Wirkungsanalyse die Fragen nach den Folgen einer Einwirkung (einer Ursache) und stellt die Verbindung zwischen Ursache und Wirkung her. Innerhalb einer Wirkungsanalyse stellt also die Wirkungsprognose die Lösung des Kausalproblems dar.

Wirkungsprognosen nehmen also eine zentrale Stellung innerhalb von Wirkungsanalysen ein. Aus planungsmethodischer Sicht ist es daher sinnvoll, sich mit ihnen eingehender zu beschäftigen und zu fragen, welche Arten von Prognoseverfahren für diese Aufgabe leistungsfähig sind.

Hält man sich streng an das Schema der kausalen Erklärung, so können nur dann die Folgen (die Wirkungen) eines Eingriffes, einer Aktion vorausgesagt werden, wenn über das betrachtete System eine vollständige Sachtheorie existiert. Dies ist jedoch für viele Planungsbereiche nicht der Fall. Wirkungsanalysen werden daher nur in Ausnahmefällen von sich behaupten können, mit hieb- und stichfesten kausalen Erklärungen zu operieren.

So zeichnen sich z. B. die Gegenstandsbereiche der Stadt-, Landschafts- oder Raumplanung durch eine hohe Komplexität der in ihnen ablaufenden stofflichen und energetischen Beziehungen, durch fehlendes theoretisches Wissen über diese Zusammenhänge und durch noch weniger Wissen über die Bedürfnisse und möglichen Verhaltensweisen der Planungsbetroffenen aus. Es ist offensichtlich, dass unter solchen Bedingungen Wirkungsbetrachtungen, die sich allein am Schema der kausalen Erklärung ausrichten, nicht entwickelbar sind. Der Planer wird sich daher beim Entwurf einer Wirkungsanalyse am Modell des Mealy-Automaten orientieren und für die Wirkungsprognose situationsangepasst dieses oder jenes Prognoseverfahren verwenden.

Im folgenden soll nicht abstrakt über die Qualität von Prognoseverfahren für Wirkungsanalysen diskutiert werden, sondern anhand von Ausschnitten aus Fallbeispielen wird exemplarisch geschildert, welche Prognoseverfahren derzeit in der Landschaftsplanung zum Einsatz gelangen.

Die zugrundegelegten Fallbeispiele können aus Platzgründen nur ausschnittsweise und sehr verkürzt widergegeben werden. Des weiteren wird die Darstellung teilweise durch die — in den hier referierten Wirkungsanalysen vorgenommene — Vermischung von Prognose- und Wirkungsbeurteilung erschwert.

Das Feld der in der Planungstheorie und -methode bekannten Prognoseverfahren und -techniken ist derzeit nur schwer zu überblicken. Es reicht von einfachen, heuristischen Prognosetechniken bis zu hochmathematischen komplizierten Verfahren. Für den Bereich der Landschaftsplanung existiert in der Regel weder genügend theoretisches Wissen noch detaillierte Daten, um komplizierte mathematische Prognoseverfahren verwenden zu können. Landschaftsplanung bedient sich daher für Wirkungsanalysen der einfachen Prognosetechnik. (Vgl. Tab. 23)

Wirkungsprognosen dienen in erster Linie der Voraussage der Folgen von Eingriffen, Aktionen usw. Systemtheoretisch gesprochen geben sie an, welche Outputs ein bestimmter Input an einem vorgegebenen System hervorruft. Sie sind daher stets auf ein bestimmtes System und bestimmte Inputs bezogen. (Vgl. Abb. 51)

Abbildung 51: Zur Struktur von Wirkungsprozessen

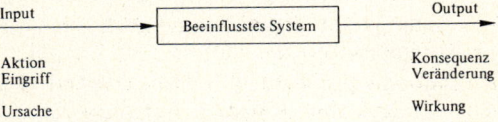

Abbildung 51 soll der weiteren Darstellung als Bezugsmodell dienen, ohne dass dies immer wieder im einzelnen erwähnt wird.

Tabelle 23: Einfache Prognosetechniken
(nach Gehmacher, 1971)

Basiskonzept	Technik
Ausnützen von Systemstabilitäten	– Einfache Trendextrapolation – systematische Kurvenanpassung
Ausnützen von Systemstabilitäten unter Berücksichtigung einzelner relevanter Variabler und Randbedingungen	– Kurvenanpassung mit themenbezogener Variation (constraints, Änderungsmassnahmen) – Wachstums- und Sättigungskurven

Diskontinuitäts-analyse	– Morphologischer Kasten
	– Intuitive Methode
	  – individuell
	  – Panel
	  – Delphi

Quasi-Systemanalyse	– Metaphern und Analogien – Quasi-Modelle
Systemanalyse	– Scenarios – Modellsimulation

Die dargestellten Prognosemethoden versuchen das Vorhersage-problem auf unterschiedlichem Wege zu lösen, deshalb ist es nicht verwunderlich, dass zwischen manchen von ihnen eine struktu-relle Ähnlichkeit besteht bzw. dass einige von ihnen die Erweite-rung oder Vertiefung von anderen sind. Der folgende Methoden-überblick orientiert sich am Grade der Formalisiertheit der einzelnen Techniken der Wirkungsprognose. Es lassen sich fol-gende Methoden unterscheiden:

✳ Verbale, fachwissenschaftliche Argumentation

Diese Form der Wirkungsprognose versucht auf der Basis von kausalen Erklärungen die Folgen (Wirkungen) von Systembe-einflussungen vorauszusagen. In ihr wird der Zusammenhang von Input und Output argumentativ aus Systemgesetzmässig-keiten prognostiziert.

Sie lässt sich nur durchhalten, wenn genügend theoretisches Wissen über das betrachtete System vorhanden ist.

Argumentationen dieses Typs können sowohl für ex-post Er-klärungen (Ursachenfeststellung) als auch ex-ante Erklärungen (Prognosen) eingesetzt werden. Abbildung 52 skizziert das

Muster der eben beschriebenen kausalanalytischen Darstellung von Wirkungszusammenhängen.

Abbildung 52: Kausalanalytische Darstellung von Wirkungszusammenhängen

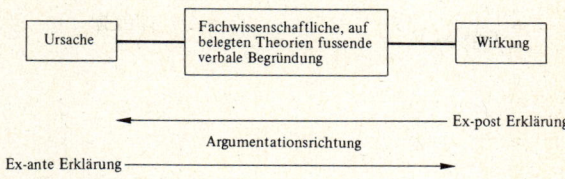

Matrix-Interdependenz-Analyse

Diese Form der Interdependenz-Analyse verzichtet auf die detaillierte Darstellung der Systemgesetzmässigkeit. Sie versucht lediglich Inputs (Ursachen) und Outputs (Wirkungen) in Form einer Matrix gegenüberzustellen. Verflechtungsanalysen dieser Art sind in der Regel recht übersichtlich. Sie verknüpfen Ursache und Wirkung in anschaulicher Form, ohne die Zusammenhangsgesetze zwischen beiden differenziert belegen können zu müssen. Matrix-Interdependenz-Analysen können vorhandenes Erfahrungswissen auch dann, wenn es über das belegte Fachwissen hinausgeht, voll ausschöpfen. Dieser Vorteil ist zugleich ein Nachteil, da die behaupteten Input-Output-Beziehungen häufig nicht exakt begründet oder gar als quantitative Relation formuliert werden können. Ausserdem lassen sich in einer Matrix nur unmittelbare Ursache-Wirkungs-Beziehungen, nicht aber auch Ursache-Wirkungs-Folgewirkungs-Folge-Folge-Wirkungs . . .-Beziehungen übersichtlich und eindeutig abbilden.

Abbildung 53 skizziert das Schema einer solchen Verflechtungsmatrix.

Abbilding 53: Grundmuster einer Verflechtungsmatrix

Input (Ursache, Verursacher) \ Output (Wirkung, Betroffener)	a,	b,	c,	d,	...
A	X		X		
B		X			
C			X		

✗ Die Beschreibung von Wirkungsketten

Dieses Verfahren baut auf dem Sender-Empfänger-Modell auf und führt ebenfalls zu einer Input-Output-Betrachtung. Obwohl ihm ein einfaches und sinnvolles Konzept zugrundeliegt, kann es nur für Wirkungsanalysen verwendet werden, die sich auf einen einigermassen bekannten und gut überschaubaren Bereich beziehen.

In Anlehnung an das Sender-Empfänger-Modell wird die Verknüpfung zwischen Sender und Empfänger durch einen Wirkfaktor als Wirkungskette bezeichnet. (Vgl. Abb. 54)

Abbildung 54: Einfache Wirkungskette

In diesem Modell geht man davon aus, dass Sender-Systeme (Verursacher) bestimmte Wirkungen (Wirkfaktoren) ausstrahlen, die auf andere Systeme, d. h. Empfänger-Systeme (Betroffene), einwirken. Wirkfaktoren können materieller, energetischer oder informativer Art sein.

Wirkfaktoren können beim Empfänger Veränderungen hervorrufen, die dazu führen, dass neue Wirkfaktoren (Folgewirkungen) entstehen usw. Auf diese Weise kann sich ein Netz von Wirkungsbeziehungen zwischen verschiedenen Systemen herausbilden, welches hintereinander geschaltete Folgewirkungen, Verzweigungen und Rückkoppelungen enthalten kann. (Vgl. Abb. 55)

Abbildung 55: Wirkungsnetz

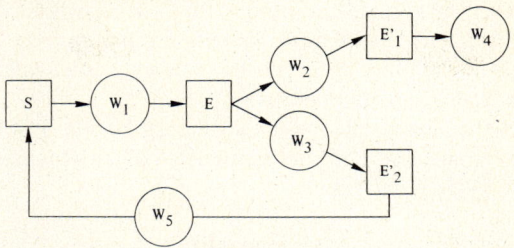

S   Sender, Verursacher von Wirkungen
E   Empfänger, Betroffener von Wirkungen
W   Wirkungsfaktoren

Durch die Methode der Wirkungskette lassen sich Wirkungen und Folgewirkungen schrittweise aufzählen und verfolgen. Praktisch handelt es sich um eine Iteration von Verflechtungsmatrizen. Die Darstellung von Wirkungsketten setzt mehr Wissen über die Beziehungen zwischen den sich beeinflussenden Systemen voraus und ist zudem aussagehaltiger als eine Verflechtungsmatrix.

Scenarios

In Scenarios werden hypothetisch Systemzustände beschrieben, d. h. in einem Scenario können die vermuteten Systemveränderungen und die Outputs dargestellt werden, die ein bestimmter Systeminput hervorruft.

Ein Scenario enthält eine Situationsbeschreibung, die von bestimmten (d. h. festumschriebenen) Prämissen ausgeht. (Vgl. Abb. 56) Mit Hilfe einer Kette von Scenarien können mehrere aufeinanderfolgende Veränderungen eines Systems, die durch bestimmte Inputs hervorgerufen sind, beschrieben werden.

Ein Scenario kann auch Verzweigungsketten enthalten, indem es zu jeder Systemsituation mehrere mögliche Folgestadien angibt. Welcher dieser Folgezustände tatsächlich eintritt, braucht bei der Formulierung des Scenarios nicht vorausgesagt

177

zu werden; Scenarien arbeiten mit unvollständigem prognostischen Wissen. Mit Hilfe eines Scenarienbaumes können die von einem bestimmten Input (Einwirkung auf das System) hervorgerufenen Wirkungen und Folgewirkungen beschrieben werden, ohne dass exakt angegeben werden muss, welches der zukünftige Systemzustand sein wird. Es wird lediglich das Feld der möglichen, zukünftigen Systemzustände umrissen, und es können die Bedingungen genannt werden, unter denen dieser oder jener Folgezustand eintritt.

In Scenarien lässt sich somit Sachwissen korrekt mit hypothetischen Annahmen über die Zukunft zu einer Vorausschau verbinden. (Vgl. Abb. 56)

Abbildung 56: Scenarienbaum (dreistufig)

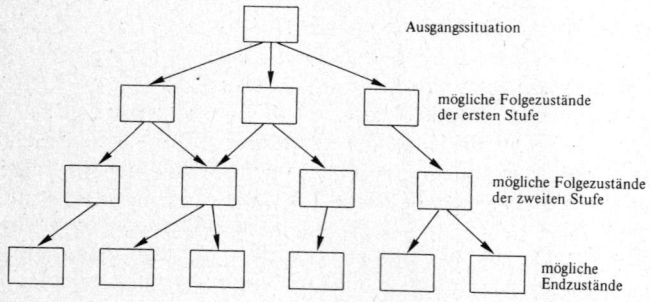

Ein Scenario enthält in der Regel drei Arten von Informationen:

- die Beschreibung des betrachteten Systems und seines Verhaltens. (Sie wird in der Regel auf Sachwissen und hypothetischen Annahmen beruhen.)
- speziellen Prämissen über Einwirkungen auf das System. (Das sind Annahmen über die Systeminputs, deren Folgen prognostiziert werden sollen.)
- Aussagen zu Wirkungen und Folgewirkungen. (Hier gilt es, die unter den obigen Annahmen zu erwartende Systemveränderung zu beschreiben.)

178

Tabelle 24: Aufbau eines Scenarios

Scenario
1. Allgemeine Systembeschreibung
2. Spezielle Prämissen über die betrachteten Inputs
3. Vermutete Folgen und Wirkungen (Beschreibung der erwarteten Systemveränderungen und Outputs)

Einfache Trendextrapolationen

Die einfache Trendextrapolation ist ein simples, nur bedingt aussagekräftiges Prognoseverfahren. Bei ihrer Anwendung unterstellt man, dass sich das zu beplanende System auch in der Zukunft in der gleichen Art und Weise entwickelt wie dies in der Vergangenheit geschehen ist. Das heisst, man verlängert den Entwicklungstrend, den man für die Vergangenheit des Systems aufgrund von Beobachtungen bestimmen kann, in die Zukunft und prognostiziert so die Zukunftsentwicklung des Systems. Sind die einzelnen Systemvariablen quantifizierbar, so lässt sich eine Trendextrapolation durchführen, indem durch die Vergangenheitswerte der einzelnen Systemvariablen eine (mit Hilfe von mathematisch-statistischen Verfahren gewonnene) Kurve gelegt, und in die Zukunft verlängert (extrapoliert) wird.

Trendextrapolationen sind nur zulässig, wenn die Systemvergangenheit hinreichend bekannt ist und wenn sich die Verhaltensgesetze des betrachteten Systems im Zeitablauf nicht verändern. Für viele soziale Systeme ist jedoch gerade die zweite Voraussetzung, d. h. die der Strukturkonstanz des Systems, nicht erfüllt. Abbildung 57 stellt die Struktur einer Trendextrapolation dar.

Abbildung 57: Strukturen einer Trendextrapolation

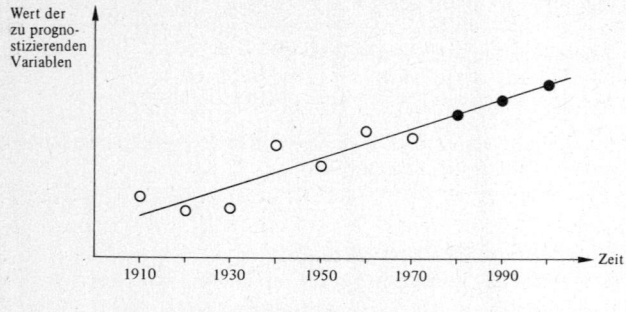

○ in der Vergangenheit gemessene Werte

● prognostizierte Werte

┼ Simulation

Simulationsmethoden sind die aus inhaltlicher und technischer Sicht anspruchsvollsten Techniken, die für eine Wirkungsanalyse genutzt werden können. Grundlage einer jeden Simulation ist die Abbildung des untersuchten Systems durch ein (in der Regel) mathematisches Modell. Der Zusammenhang zwischen Input und Output des in der Wirklichkeit zu untersuchenden Systems wird analysiert, indem die Eingangsgrössen des nachgebildeten Modells entsprechend den Inputgrössen des realen Systems manipuliert werden. Aus den Wirkungen und Folgewirkungen, die am Modell auftreten, wird auf die real zu erwartenden Konsequenzen der wirklichen Inputs geschlossen. Abbildung 58 verdeutlicht diese Vorgehensweise.

Abbildung 58: Das Konzept der Systemsimulation

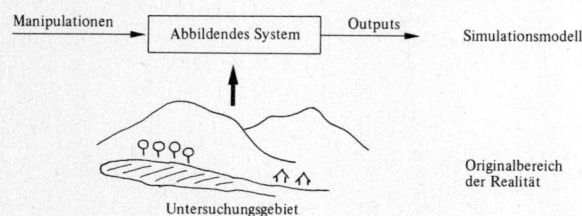

Simulationen komplizierterer Systeme sind nur auf EDV-Anlagen durchführbar. Hinzu kommt, dass sie sehr viel Fachwissen über das Funktionieren des abzubildenden Systems voraussetzen. In der Regel muss nicht nur bekannt sein, welche Zusammenhänge bestehen, sondern auch wie sich diese Gesetzmässigkeiten quantitativ formulieren lassen.

Der eben ausgeführte Überblick über Methoden der Wirkungsprognose zeigt die Vielfalt der bereits für den landschaftsplanerischen Bereich in Frage kommenden Techniken. Aus Platzgründen konnten die einzelnen Methoden nur sehr grob skizziert werden. Ihre detaillierte Beschreibung und Anwendungsbeispiele sind in der Fachliteratur zu finden. (Hinweise finden sich in Tab. 25)

Tabelle 25 fasst die hier beschriebenen Prognosetechniken stichwortartig zusammen. Sie bedarf keiner zusätzlichen Erläuterung. Ähnlich wie für die Wirkungsprognose lassen sich auch für die Wirkungsbeurteilung unterschiedliche (Bewertungs-)Methoden verwenden. Da im Zusammenhang mit Wirkungsanalysen Bewertungstechniken wesentlich häufiger und ausführlicher diskutiert werden als Prognosen, soll hier auf ihre Diskussion verzichtet werden. (Vgl. z. B. Bechmann 1978)

Tabelle 25: Eigenschaften von Methoden der Wirkungsprognose

Methoden der Wirkungsprognose \ Eigenschaften	Bezugsmodell	Art der Kausalbetrachtung	Basis der Prognose	Verarbeitung von Ungewissheit	Beispiel aus dem Bereich der Landschaftsplanung	Art der Betrachtung ex-ante	ex-post
verbale, fachwissenschaftliche Kausalargumentation	fachwissenschaftliche Theorie	Schema der kausalen Erklärung	Anfangsbedingungen und Kausalgesetze	Berufung auf fachwissenschaftliche Kausalgesetze	Grimm, 1976	x	
					Sukopp u. a., 1979		x
Matrix-Interdependenzanalyse (Verflechtungsanalyse)	Verflechtungsmatrix	Mealy-Automat (Input-Output-System)	Inputs, Vermutung über den Zusammenhang von Input und Output	Angabe von Verflechtungsbeziehungen	Kiemstedt, 1971	x	
					Mc. Harg, 1971	x	
Beschreibung von Wirkungsketten	Sender-Empfänger-Modell	Mealy-Automat (Sender-Empfänger-Modell)	Wirkungsfaktoren, die von einem Sender ausgehen	Vertrauen, die relevanten Faktoren erfasst zu haben	Krause, 1979	x	
Scenario	Scenario	Mealy-Automat	Hypothesen über Inputs und Systemreaktionen	durch hypothetische Annahmen Berücksichtigung mehrerer Alternativen	Bechmann, Johnson, 1978	x	
Einfache Trendextrapolation	Trendextrapolation	Mealy-Automat	Systemverhalten in der Vergangenheit	Vertrauen auf die Kostanz des Systemverhaltens			
Simulation	mathematisches Modell des untersuchten Bereiches der Realität	Mealy-Automat	Hypothesen über die Systemstruktur und die Systeminputs	Variation der Systeminputs, evtl. auch der Systemstruktur	Vester, 1976	x	

Anhang

I. Planungsdefinitionen

Die folgenden Definitionsversuche des Begriffes Planung sind elektisch zusammengestellt; trotzdem geben sie einen anschaulichen Eindruck von der „Unmöglichkeit", Planung befriedigend zu definieren.

Autorenkollektiv Wissenschaftspsychologie, 1975, S. 144:
„Der Plan ist das vermittelnde Moment zwischen der Vorstellung und der Verwirklichung, ähnlich wie die Hypothese das vermittelnde Element zwischen Theorie und Praxis darstellt."

Bardet, 1965, S. 9:
„Planung ist die Gesamtheit aller Anstrengungen, die von einer organisierten Gemeinschaft in der Absicht unternommen werden, zusammenhängende Entscheidungen zu treffen, die geeignet sind, ihr Verhalten über eine möglichst lange Zukunft mit einem möglichst geringen Fehlerrisiko zu lenken."

Bendixen, Kemmler, 1972, S. 36:
„Im folgenden werden wir nur dann von Planung reden, wenn eine Entscheidungssituation, die zieländernde und zielstrukturierende Aktivitäten des Systems erfordert, in der Weise behandelt wird, dass das infolge hoher Komplexität bestehende Überangebot an Information über die Entscheidungssituation durch Selektionsstrategien abgebaut wird, die geeignet sind, zu einer weitgehend objektivierten (d. h. für alle Beteiligten kritisierbaren und kontrollierbaren) Abbildung der tatsächlichen Entscheidungssituation im Entscheidungsmodell zu führen."

Böhret, 1975, S. 14:
„Planung ist gedankliche, zukunfts- und ziel-mittel-orientierte Tätigkeit, durch die politische Entscheidungen vorbereitet, expliziert und in der Form von Vollzugsanweisungen zur Realisierung ausgewählter Alternativen durchgesetzt werden sollen."

Brösse, 1975, S. 7:
„Planung ist die systematische Vorbereitung vernunftsgemässen Handelns. Sie besteht darin, dass aufgrund einer gegebenen Ausgangssituation oder einer wahrscheinlichen Entwicklung und aufgrund von Zielen die zweckmässigsten Massnahmen unter Beachtung ihrer möglichen Nebenwirkungen festgelegt werden, die innerhalb einer gegebenen Zeit für einen bestimmten Raum zur Verwirklichung der Ziele führen."

Braun, 1977, S. 16:
„Aus realwissenschaftlichen Gesetzen G, deskriptiven Tatsachen T, Planungsnormen N und Problemlösungsverfahren PV folgt logisch eine Menge an Handlungsweisungen, die als Plan verstanden wird."

Denzer, 1968, S. 210:
Denzer differenziert zwischen
— Planung als „Oberbegriff für die Strategie zur Errichtung und Erreichung bestimmter Ziele, wobei gleichzeitig auf die der Planung inhärente Zweck-Mittel-Relation, die Verbindung von ‚Zukunftsbezogenheit' und ‚Rationalität' hingedeutet wird";
— Planen als „Strategie zur Erreichung bestimmter Ziele";
— Plan als „Strategie zur Errichtung bestimmter Ziele".

Grochla, 1969, S. 131 f.:
Grochla interpretiert den Planungsprozess als Informationsverarbeitungsprozess, der sich in vier Phasen gliedert:
— Informationsbeschaffung
— Informationsumwandlung
— Informationsauswertung
— Entscheidung
Die einzelnen mit diesen Aufgaben befassten Planungsstellen bilden ein Kommunikationssystem, innerhalb dessen Informationen und Weisungen auf vertikalen und horizontalen Wegen weitergeleitet werden.

Jensen, 1970, S. 32:
„Gesellschaftliche Planung ist demnach die Organisation eines sozialen Systems im Hinblick auf . . . Ziele"

184

. . . „Planung ist ein Schema zur Steuerung (oder Regelung) der Transformation von Systemzuständen."

Lenk, 1972, S. 68:
Planung ist ein hochkompliziertes Unternehmen; denn sie kann nur im Team mit Wissenschaften zahlreicher Disziplinen geleistet werden — im permanenten Team, wenn die konsekutive Folge-planung die Kontrolle die zieladaptive oder gar die zieländernde Fortplanung erfolgreich sein sollen.

Luhmann, 1971, S. 59:
„Planen heisst über Entscheidungen entscheiden."

Mannheim, 1967, S. 35:
„Wir werden von Planung dann reden, wenn Mensch und Gesellschaft von dem zielbewussten Erfinden eines Einzeldings oder einer Einzelsituation zur zielbewussten Regelung und einsichtigen Beherrschung auch jener Zusammenhänge fortschreiten, die zwischen diesen erfundenen Einzelphänomenen walten."

Mellerowicz, 1969, S. 177:
„Keine menschliche Tätigkeit, mag sie noch so einfach sein, kann auf Planung verzichten . . . Niemand kann eine Arbeitsoperation vornehmen, ohne eine Entscheidung über die Art und Weise der Durchführung zu treffen. In diesem Moment aber plant er, mag die Planung auch noch so kurz vor der Ausführung und noch so primitiv erfolgen."

Meyer, 1970, S. 2351:
„Planen ist also abwägendes, konstruktives Vorausdenken, ein geistiges Tätigsein, um die Lage, die aus irgendwelchen Gründen als unbefriedigend empfunden wird, zu verbessern."

Myrdal, 1961, S. 8 und S. 16:
Myrdal zufolge sind „unsere Volkswirtschaften in zunehmendem Masse reguliert, organisiert und koordiniert, das heisst ‚geplant'"; den Begriff „Planung" selbst, konkret in Beziehung auf Gesellschaftsplanung, versteht er als den „bewussten Versuch der Regierung eines Landes — meist unter Mitwirkung anderer Körperschaften —, die öffentliche Politik in einer rationalen Weise zu

koordinieren, und so die erwünschten und für die zukünftige Entwicklung notwendigen Ziele, die durch den politischen Prozess festgelegt werden, schnell und vollständig zu erreichen."

Ridder, 1973, S. 65:
„Planung ist eo ipso Steuerung des sozialen Wandels."

Rieger, 1967, S. 4:
Rieger bezeichnet Planung als „absichtliches, zweckorientiertes, durch bewusste Erwartungen geregeltes, intelligentes oder rationales Verhalten."

Salin, 1964, S. 2:
„Jeder Plan ist eine Vorwegnahme, ist ein Entwurf für eine Handlung oder eine Ordnung eines Einzelnen, einer Gemeinschaft, eines Staates... Jeder Plan nimmt in Gedanken vorweg, was Wirklichkeit der Zukunft wird oder werden soll."

Scharpf, 1973, S. 171:
„... So erscheint Planung aus der ersten Perspektive als eine Technik der vorwegnehmenden Koordination einzelner Handlungsbeiträge und ihrer Steuerung über längere Zeit... Aus der Perspektive der Politik als Auswahl- und Konsensbildungsprozess kann Planung als Gewinn inhaltlicher Rationalität erscheinen, als vollständige Aufklärung von Problemzusammenhängen, Handlungsmöglichkeiten und Handlungswirkungen ..."

Schatz, 1974, S. 2:
„Politische Planung ist demnach zu verstehen als der Versuch, dem politischen Prozess der Artikulation gesellschaftlicher Bedürfnisse, der Festlegung und der Verwirklichung der öffentlich wahrzunehmenden Aufgaben zu systematisierungen und auf gesamtgesellschaftliche Nutzungskriterien auszurichten."

Schneider, 1973, S. 42:
Planung ist „Vorbereitung von Entscheidungen durch umfassende Information über mögliche Zieldimensionen und durch kritische Analyse der lageabhängigen Handlungsmöglichkeiten".

Stachowiak, 1970, S. 2:

Stachowiak beschreibt in seiner ebenfalls sehr allgemein gehaltenen einleitenden Definition „Planung" als die „gedankliche Vorwegnahme künftigen Handelns" und reserviert den Begriff damit für zielbewusstes und rationales Handeln.

Zangemeister, 1971, S. 20:

„Planung bedeutet vorausschauendes systematisches Durchdenken und Formulieren von Verhaltensweisen, Zielen und Handlungsalternativen, deren optimale Auswahl sowie die Festlegung von Anweisungen zur rationellen Realisierung der ausgewählten Alternative."

II Grundbegriffe aus der Systemtheorie

1. Der Systembegriff

In der Umgangssprache wird der Systembegriff auf mannigfache Art verwendet. Man spricht z. B. von Ökosystemen, von politischen Systemen, von Systemvergleichen, von formalen Systemen, von theoretischen Systemen, von Denksystemen usw. Immer wenn das Wort System verwendet wird, ist intendiert darauf hinzuweisen, dass das betreffende Objekt ein Ganzes ist, einen inneren Zusammenhang, einen strukturierten Aufbau oder ähnliches besitzt. Die formale Systemtheorie versucht allen diesen Verwendungen des Wortes System gerecht zu werden, indem man den Systembegriff in der folgenden Art abstrakt definiert.

Begriff 1: System
Ein System ist eine Menge von Elementen (d. h. von Objekten), wobei zwischen diesen Elementen bestimmte Relationen (Beziehungen, Zusammenhänge) bestehen.
Ein so definiertes System nennt man formales System, da es die Form eines Systems hat. Indem man angibt, welche Elemente das System tatsächlich enthält und wie die konkreten Relationen zwischen diesen Elementen aussehen, wird aus dem formalen ein inhaltlich bestimmtes System.

Beispiel

Ein Auto ist ein reales System, bei dem man z. B. die einzelnen Teile, aus denen es montiert wird (Räder, Schrauben, Motorteile . . .), als Elemente ansehen kann. Die Systemrelationen sind in diesem Fall die Beziehungen der Einzelteile zueinander (Räder an den Achsen befestigt, Motor richtig zusammengesetzt . . .).
In der Systemtheorie unterscheidet man im allgemeinen zwischen einem System und seiner Umgebung.

Begriff 2: Systemumgebung
Die Umgebung eines gegebenen Systems besteht aus der Menge all der Objekte, die das System beeinflussen oder die von ihm beeinflusst werden.
Eine Systemumgebung kann nur dann vollständig angegeben werden, wenn man das System (d. h. insbesondere alle Eigenschaften der Systemelemente und alle Relationen zwischen diesen Elementen) kennt und überblickt, welche Beziehungen zwischen Systemelementen und Objekten ausserhalb des Systems bestehen.
Beispiel
Zur Umgebung eines Systems Auto gehören eine Strasse, Strassenpflaster, Schlaglöcher, Bäume und Häuser am Strassenrand, ein überfahrenes Huhn, ein Verkehrspolizist usw.
Mit Hilfe des obigen Umgebungsbegriffes kann zwischen offenen und geschlossenen Systemen unterschieden werden.

Begriff 3: Offenes System
Ein System, das eine Umgebung im obigen Sinn besitzt (d. h. dessen Elemente in Wechselbeziehungen zu nicht zum System gehörenden Objekten stehen) heisst offen.

Begriff 4: Geschlossenes System
Ein System, das keine Umgebung im obigen Sinn besitzt (bei dem also keine Wirkungen aus dem System hinaus oder in das System hinein existieren) heisst geschlossen.
Die Begriffe System und Umgebung sowie offenes und geschlossenes System sind relative Begriffe, d. h. sie sind stets auf eine Problemstellung zu beziehen.
Es gibt Eigenschaften, die nur einem System als Ganzem, nicht aber seinen Elementen zukommen. Der Ausfall eines Elementes kann die gesamte Systemeigenschaft zunichte machen.

Beispiel
Die letzte Aussage lässt sich an dem System „lebender Mensch"
demonstrieren. „Selbständig leben" ist eine Eigenschaft des
Gesamtsystems. Kein Organ kann auf die Dauer allein leben.
Der Ausfall eines Organs, z. B. Herz, Leber usw. kann bereits die
gesamte Systemeigenschaft zerstören.

Abbildung A: Offenes System

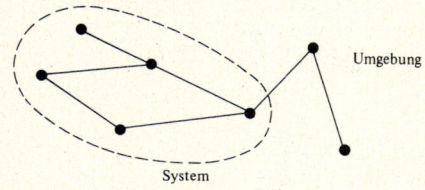

Wir haben bis hierher nicht zwischen statischen und dynamischen
Systemen unterschieden. Das soll nun geschehen.

Begriff 5: Statisches System
Ein System, das sich im Zeitablauf nicht verändert, heisst statisch
(bei einem statischen System verändern sich in der Zeit weder die
Systemelemente noch die Eigenschaften oder die Beziehungen
zwischen den Systemelementen).
Beispiel
Das aus den Zahlen 2, 3 und 5 bestehende System mit der System-
relation 2 + 3 = 5 ist statisch.

Begriff 6: Dynamisches System
Ein System, dessen Elemente oder Systemrelation sich im Zeit-
ablauf verändern, heisst dynamisch.
Beispiel
Eine Familie ist ein dynamisches System.
(Systemelemente: Mann, Frau, Kinder
Systembeziehungen: soziale Beziehungen zwischen ihnen)
Betrachtet man die Entwicklung eines dynamischen Systems, so
sieht man, dass sich dieses System im allgemeinen vom Zeitpunkt
zu Zeitpunkt verändert. In einem gegebenen Zeitpunkt t_0 befin-
det sich ein dynamisches System in einem festen Zustand, d. h.
alle seine Elemente und die Beziehungen zwischen ihnen liegen

für diesen Zeitpunkt (Augenblick) unveränderbar fest (d. h.: betrachtet man ein dynamisches System auf nur einen Zeitpunkt bezogen, so hat es die gleiche Form wie ein statisches System).

Begriff 7: Systemzustand
Die Gesamtheit der Systemelemente und Systemrelationen zum Zeitpunkt t_0 heisst Systemzustand im Zeitpunkt t_0.

Abbildung B: Die Entwicklung eines dynamischen Systems

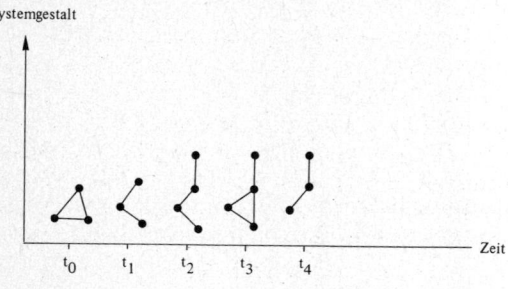

Eine nur auf einem Zeitpunkt bezogene Systembeschreibung nennt man auch Beschreibung des Systemzustandes in t_0. Ausgehend vom Begriff des Systemzustandes lassen sich Begriffe wie Systemgeschichte usw. definieren.

Begriff 8: Systemgeschichte
Die zeitlich geordnete Menge aller bereits vergangenen Systemzustände heisst Systemgeschichte.

Begriff 9: Systemgegenwart
Der gegenwärtige Systemzustand heisst Systemgegenwart.

Begriff 10: Systemzukunft
Die Menge aller zukünftigen, nach ihrer zeitlichen Reihenfolge geordneten Systemzustände heisst Systemzukunft.

2. Input-Output-Systeme und der Mealy-Automat

Die bisher eingeführten Systemdefinitionen stellen Systeme als Bestehendes, als aus Elementen Zusammengesetztes, dar. Im Gegensatz dazu erlauben es die folgenden Begriffe, Systemverhalten bzw. die Wechselwirkung von System und Umgebung zu erfassen.

Begriff 11: Input-Output-System
Die Darstellung eines offenen Systems als Input-Output-System beschreibt das (Transformations-)Verhalten des Systems, indem sie aufzeigt, welche Systemoutputs (d. h. welche Wirkungen des Systems auf seine Umgebung) durch bestimmte Inputs (Einwirkungen von aussen auf das System) hervorgerufen werden.
Abbildung C skizziert das Aussehen eines Input-Output-Systems. In den Beschreibungen eines Systems als Input-Output-System wird dargestellt, wie das System auf bestimmte Reize reagiert und sich verhält. Die Bestandteile und der innere Aufbau des untersuchten Systems bleiben ausserhalb der Betrachtung.

Abbildung C: Input-Output-System

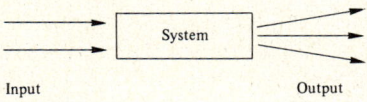

Input   Output

Input-Output-Systeme können nicht isoliert auftreten. Sie können miteinander verbunden sein.

Begriff 12: Gekoppelte Systeme
Zwei Input-Output-Systeme heissen gekoppelt, wenn der Output des einen Systems zum Input des anderen Systems gehört. Netze gekoppelter Systeme entstehen entsprechend der obigen Definition, indem mehrere Systeme auf die beschriebene Weise aneinander gebunden werden.
Durch Koppelungsbeziehungen kann ein System mit sich selbst verbunden sein.

Abbildung D: Gekoppelte Systeme

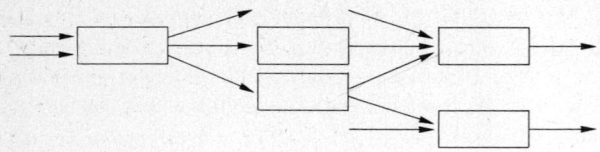

Begriff 13: Rückgekoppeltes System
Ein System nennt man rückgekoppelt, wenn zwischen seinen Outputs und seinen Inputs eine Verbindung durch Koppelung besteht. Die Rückkoppelung heisst direkt, wenn der Systemoutput unmittelbar als Input wieder in das System eingespeist wird, anderenfalls heisst sie indirekt.
Rückgekoppelte Systeme sind in der Lage, sich selbst zu beeinflussen. Sei es unmittelbar oder mit Hilfe anderer Systeme. (Vgl. Abb. E und Abb. F)

Abbildung E: Direkt rückgekoppeltes System

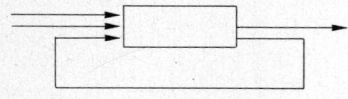

Abbildung F: Indirekte Rückkoppelung

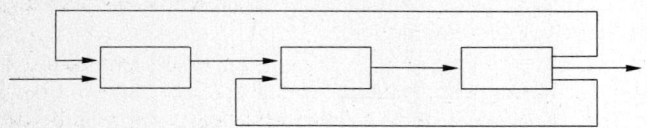

Mealy-Automaten sind Erweiterungen der eben beschriebenen Input-Output-Systeme.

Begriff 14: Mealy-Automat
Ein Mealy-Automat ist ein Input-Output-System, das durch drei Merkmale beschreibbar ist: die Systeminputs, die Systemoutputs und den Systemzustand. Der Systemoutput wird dabei angesehen als determiniert durch den Systeminput und den Zustand, in dem

sich das System zur Zeit des Eintreffens dieses Inputs befindet. Systeminput und Systemzustand erzeugen nicht nur einen Systemoutput. Sie wirken zudem verändernd auf das System selbst ein, indem sie den Zustand, den das System zum Zeitpunkt des Eintreffens des Inputs hat, in einen neuen Zustand überführen.

Mealy-Automaten sind damit zustandsveränderbare, direkt rückgekoppelte Input-Output-Systeme.

Abbildung G stellt die Funktionsweise eines Mealy-Automaten dar.

Abbildung G: Die Funktionsweise eines Mealy-Automaten

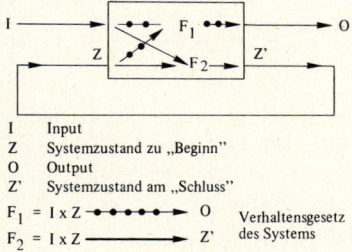

I   Input
Z   Systemzustand zu „Beginn"
O   Output
Z'   Systemzustand am „Schluss"

$F_1 = I \times Z$ •—•—•—•—•→ O Verhaltensgesetz
$F_2 = I \times Z$ —————————→ Z' des Systems

Die Gesetzmässigkeit F_1 gibt an, wie aus I und Z der Systemoutput O hervorgeht. Desgleichen beschreibt F_2 das Zustandekommen des neuen Systemzustandes Z' als Folge des Inputs I und des Systemzustandes Z der Ausgangssituation.

3. Der Regelkreis

Regelkreise sind ebenfalls rückgekoppelte Input-Output-Systeme. Allerdings ist hier die Rückkoppelung indirekt und zielorientiert.

Begriff 15: Regelkreis
In seiner einfachsten Variante besteht ein Regelkreis aus zwei miteinander verbundenen Input-Output-Systemen: der Regelstrecke und dem Regler.
Die Regelstrecke ist der Teil des Gesamtsystems der geregelt werden soll, d. h. ihr Output soll einen bestimmten Sollwert annehmen. Der Regler ist das Subsystem, das kompensierend auf die Regelstrecke einwirkt, wenn der Output vom gewünschten Wert abweicht.

Abbildung H umreisst die Struktur eines Regelkreises. An ihr lässt sich die Funktionsweise des Regelkreises verdeutlichen.

Abbildung H: Die Struktur eines Regelkreises

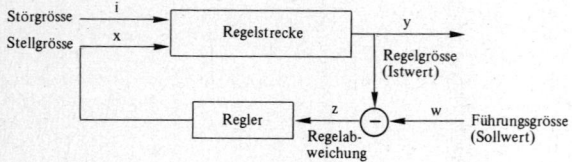

i	Störgrösse
x	Stellgrösse
z	y − w = Regelabweichung
y	Regelgrösse (Output)
w	Führungsgrösse (Sollwert)

Der Output (die Regelgrösse) y der Regelstrecke wird mit dem Sollwert w verglichen. Die Differenz zwischen beiden, die Regelabweichung z ist Input des Reglers. Weicht sie von Null ab, so produziert der Regler einen Output der auf den Eingang der Regelstrecke einwirkt und der so geartet ist, dass die absolute Grösse von Z minimiert wird. Das System kann auf diese Weise Störungen i, die von aussen auf die Regelstrecke einwirken und die y vom gewünschten Sollwert abweichen lassen, ausgleichen.

Prozesse, die der Stabilisierung eines angestrebten Systemzustandes dienen, können im allgemeinen als Regelungsvorgänge verstanden und durch Regelkreise — wenn auch häufig mit komplizierterer Struktur als dem hier vorgestellten — beschrieben werden.

Literaturverzeichnis

Akademie f. Raumforschung u. Landesplanung (Hrsg.): Methoden der empirischen Regionalforschung (1. Teil). Forschungs- und Sitzungsberichte Bd. 87. Hannover 1973

Akademie f. Raumforschung u. Landesplanung (Hrsg.): Methoden der empirischen Regionalforschung (2 Teil). Veröffentlichungen der Akademie f. Raumforschung u. Landesplanung; Forschungs- und Sitzungsberichte, Bd. 105, 1975

Allesch, J.; Baz, P.: Systemtechnik im Überblick, in: Brennpunkt Systemtechnik (Hrsg.), Seminar Systemtechnik I, TU Berlin 1974

Allesch, J.; Baz, P.: Die Anwendung systemtechnischer Methoden beim Planungs- und Problemlösungsprozess, in: Brunn, E., Fehl, G. (Hrsg.), Systemtheorie u. Systemtechnik in der Raumplanung, Basel 1976

Arbeitsgruppe f. Regionalplanung: Bodennutzung: systemtheoretische Aspekte und systemtechnische Verfahren der Analyse und Planung, in: Brunn, E., Fehl, G. (Hrsg.), Systemtheorie und Systemtechnik in der Raumplanung, Basel 1976

Autorenkollektiv Wissenschaftspsychologie: Materialistische Wissenschaft und Psychologie, Köln 1975

Autorenkollektiv: Operationsforschung in der sozialistischen Wirtschaft, Berlin 1969

Bahr, G. u. Mitarbeit von Boner, U.: Katalog aktueller Fragestellungen in der Stadtplanung, in: Akademie f. Raumforschung u. Landesplanung (Hrsg.), Methoden der empirischen Regionalforschung (1. Teil), Hannover 1973

Bardet, P.: Die Organisation der Planung, Stuttgart 1965

Baron, P.: Systemtechniken im Verkehrswesen: Anwendungsbeispiele, in: Brunn, E., Fehl, G. (Hrsg.), Systemtheorie u. Systemtechnik in d. Raumplanung, Basel 1976

Bartels, D.: Zum Landschaftsbegriff, in: Paffen, K. H., Das Wesen der Landschaft, Darmstadt 1973

Battelle-Institut: Methoden der Prioritätsbestimmung, Bonn 1971

Bechmann, A.: Aufgabe, Grundlagen u. Methoden landschaftsbezogener Erholungsplanung, in: Buchwald, K., Engelhardt, W. (Hrsg.), Handbuch f. Planung, Gestaltung u. Schutz der Umwelt, Bd. III, München 1980

Bechmann, A., Johnson, B.: Zur Bewertung des Naturraumpotentials von Talabschnitten im Einzugsbereich der Fils – BENATA –, Hannover 1978

Bechmann, A.: Materialien zur Planungstheorie und Planungsmethodik, Vorlesungsskript, Hannover 1974

Bechmann, A.: Die Kosten-Nutzen-Analyse, ein Bewertungsinstrument für Landschaftsplaner? , in: Landschaft + Stadt, Heft 4, 1976

Bechmann, A.: Kybernetik u. Makroökonomie, Bern 1976

Bechmann, A.: Zur Problematik ökonomischer Verfahren der Landschafts-bewertung, in: Landschaft + Stadt, Heft 1, 1973

Bechmann, A.: Nutzwertanalyse u. soziale Indikatoren, in: Klages, H., Kmieciak, P. (Hrsg.), Wertwandel u. gesellschaftlicher Wandel, Frank-furt 1979

Bechmann, A.: Nutzwertanalyse, Bewertungstheorie u. Planung, Bern 1978

Beirat f. Naturschutz u. Landschaftspflege beim BMELF: Inhalte u. Ver-fahrensweisen der Landschaftsplanung, Bonn 1976

Behrendt, V.: Analyse komplexer Realsysteme, in: Seminar Systemtech-nik, Berlin 1974

Behrendt, V.: Prinzipien d. Gestaltung von Simulations-Modellen, in: Brennpunkt Systemtechnik (Hrsg.), Seminar Systemtechnik I, TU Berlin 1974

Behrendt, V.: Analyse komplexer Realsysteme, in: Brennpunkt System-technik (Hrsg.), Seminar Systemtechnik I, TU Berlin 1974

X Bierhals, E.: Ökologischer Datenbedarf f. d. Landschaftsplanung – Anmer-kungen zur Konzeption einer Landschaftsdatenbank, in: Landschaft + Stadt *10* (1) 1978

Bierhals, E.: Ökologische Raumgliederungen f. d. Landschaftsplanung, in: Buchwald, K., Engelhardt, W. (Hrsg.), Handbuch f. Planung, Gestaltung u. Schutz der Umwelt, Bd. III, München 1980

X Bierhals, E., Kiemstedt, H., Scharpf, H.: Aufgaben u. Instrumentarium ökologischer Landschaftsplanung, in: Raumforschung u. Raumord-nung *32* (2)

Bendixen, P., Kemmler, H.: Planung, Berlin 1972

Böhlk, W. u. Dietrich, H.: Lineare Programmierung, in: Akademie f. Raum-forschung u. Landesplanung (Hrsg.), Methoden der empirischen Regio-nalforschung (1. Teil), Hannover 1973

Böhret, C.: Grundriss der Planungspraxis, Opladen 1975

Böhret, C.: Entscheidungshilfen für d. Regierung, Opladen 1970

Bommer, J.: Brainstorming, Morphologie, Scenario, Delphi u. Delphi-Conference-Methode zum Auffinden u. zur Definition von Systemalter-nativen u. zur Erstellung von Prognosen, in: Brennpunkte System-technik (Hrsg.), Seminar Systemtechnik I, TU Berlin 1974

Bossel, H., Strobel, M.: Anwendung des Orientierungsansatzes bei System-simulation formalisierter Planung, in: Jörg Baetge, Norbert Bracht-häuser, Reinhold Hömberg, Johann Jirasek (Hrsg.), Systemtheorie i. Wirtschaft u. Verwaltung – Ansätze u. Anwendungen, Berlin 1978

v. Böventer, E.: Regressionsanalyse in: Akademie f. Raumforschung u. Landesplanung (Hrsg.), Methoden der empirischen Regionalfor-schung (1. Teil), Hannover 1973

Braun, G.: Methodologie der Planung, Meisenheim am Glan 1977

Brösse, U.: Raumordnungspolitik, Berlin 1975

Brunn, E.: „Kybernetische" Modellbegriffe: eine konstruktive Kritik aus der Sicht des Raumplaners, in: Brunn, E., Fehl, G. (Hrsg.), System-theorie u. Systemtechnik in der Raumplanung, Basel 1976

X Buchwald, K.: Arbeitsmethodik der Landschaftspflege einschliesslich des Naturschutzes, in: Buchwald, K., Engelhardt, W. (Hrsg.), Landschafts-pflege u. Naturschutz in der Praxis, München 1973

Grodfrugen

Bundesministerium des Innern (Hrsg.): Verfahrensmuster für die Prüfung der Umweltverträglichkeit öffentlicher Massnahmen (Umweltbrief; 11/Bonn 1974)

Buse, M.: Integrierte Systeme staatlicher Planung, Baden-Baden 1974

Cannain, W. Pieniak, M., Voigt, W.: Am besten kritiklos Kreativität/Lehrgang Denken, in: Capital 10, 1974

Clauss, G., Ebner, H.: Grundlagen der Statistik, Frankfurt 1967

Curdes, G.: Zur Anwendung von Faustzahlen in der Raumordnung, in: BMI (Hrsg.), Informationsbriefe zur Raumordnung R. 1.7.1, Mainz 1966

Czayka, L.: Anwendungsmöglichkeiten der Graphentheorie in der Verwaltung, in: Krauch, H. (Hrsg.), Systemanalyse in Regierung u. Verwaltung, Bern 1976

Daenzer, W.: Systems engineering, Zürich 1977

Denzer, H.: Kybernetische Planung u. politische Ordnungsform, in: Zeitschrift f. Politik 15, 1968

DGB (Hrsg.): Umweltprogramm des DGB, Düsseldorf 1974

Dheus, E.: Die Kosten-Nutzen-Analyse, in: Akademie f. Raumforschung u. Landesplanung (Hrsg.), Methoden der empirischen Regionalforschung (1. Teil), Hannover 1973

Dietze, P.: Der Bewertungsprozess u. Verfahren zur Bewertung in der Stadtplanung, in: Arbeitsberichte zur Planungsmethodik 1, Stuttgart 1969

Dornier System GmbH: Vorbericht für das Handbuch zur ökologischen Planung, Bonn 1976

Dreger, W.: Aufbau u. Probleme „Integrierter" Informationssysteme, in: Brennpunkt Systemtechnik (Hrsg.), Seminar Systemtechnik I, TU Berlin 1974

Dreger, W.: Möglichkeiten u. Probleme systematisierter Zielbestimmungen, in: Jörg Baetge, Norbert Brachthäuser, Reinhold Hömberg, Johann Jirasek (Hrsg.), Systemtheorie in Wirtschaft und Verwaltung – Ansätze und Anwendungen, Berlin 1978

Dreger, W.: Planungstechnik, in: Brennpunkt Systemtechnik (Hrsg.), Seminar Systemtechnik I, TU Berlin 1974

Ebinger, R., Schierenbeck, B.: Nutzen-Kosten-Analyse Hösseringen, Untersuchung im Auftrage des BML Bonn 1974, Gesellschaft f. Landeskultur GmbH, Bremen 1974

Eckey, H.-F.: Zwei Methoden zur Abgrenzung und Unterteilung funktionaler Regionen: Die Faktoren- und die Input-Output-Analyse, in: Raumforschung u. Raumordnung H. 1/2, 1976

Elsässer, F.: Einführung in die Netzplantechnik, München 1973

Ernst, R. W., Stein, S.: Zur praktischen Anwendung einer Erreichbarkeitsanalyse: Bericht über ein mit dem Stadtplanungsamt Bochum entwickeltes Konzept, in: Brunn, E., Fehl, G. (Hrsg.), Systemtheorie und Systemtechnik in der Raumplanung, Basel 1976

Evers, H. R.: Die Aufgaben des Dezernates Landespflege bei den Regierungs- und Verwaltungspräsidenten in Niedersachsen, in: Der Niedersächsische Minister f. Ernährung, Landwirtschaft und Forsten (Hrsg.), 30 Jahre Naturschutz und Landschaftspflege in Niedersachsen, Hannover 1976

Erz, W.: Naturschutz-Grundlagen, Probleme und Praxis, in: Buchwald, K., Engelhardt, K. (Hrsg.), Handbuch für Planung, Gestaltung und Schutz der Umwelt, Bd. III, München 1980

Fehl, G.: Frühwarn-System in der Raumplanung? , in: Brunn, E., Fehl, G. (Hrsg.), Systemtheorie und Systemtechnik in der Raumplanung, Basel 1976

Fient, H. G.: Anwendungsspektrum des System/Projekt-Management, in: · Seminar Systemtechnik II/74, Berlin 1974

Fischer, H., Fischer, H., Richter, K. J.: Wie werden Modellsysteme erarbeitet? , Berlin 1970

Fischer, Th.: Anwendung der univariaten Box-Jenkins-Prognosetechnik auf makroökonomischer Prozesse – Erfahrungen und Ergebnisse –, in: Jörg Baetge, Norbert Brachthäuser, Reinhold Hömberg, Johann Jirasek (Hrsg.), Systemtheorie in Wirtschaft und Verwaltung – Ansätze und Anwendungen, Berlin 1978

FFVN-N: Niedersächsischer Minister f. Wirtschaft und öffentliche Arbeiten: Fremdenverkehrsprogramm Niedersachsen, Hannover 1974

Friedrichs, J.: Methoden empirischer Sozialforschung, Reinbek 1973

Friedrich, L., Wedde, G.: Bewertung von Zielen, in: Sozialistische Finanzwirtschaft 15/1972

Funke, T.: Bewertungsverfahren Landschaftsplan Altenahr, 2. Projektarbeit am Institut f. Landschaftspflege und Naturschutz, Hannover 1977

Gaede, K. A.: Entwicklung der Landespflegeverwaltung in Niedersachsen, in: Der Niedersächsische Minister f. Ernährung, Landwirtschaft u. Forsten (Hrsg.), 30 Jahre Naturschutz und Landschaftspflege in Niedersachsen, Hannover 1976

Gälzer, R.: Landschaftsplanung als Beitrag zur Stadtentwicklungs- und Bauleitplanung, in: Buchwald, K., Engelhardt, W. (Hrsg.), Handbuch f. Planung, Gestaltung u. Schutz der Umwelt, Bd. III, München 1980

Gehmacher, E.: Methoden der Prognostik, Freiburg 1971

Geisenberger, S., Mälich, W.: Informationstheoretische Messung regionaler Konzentrationserscheinungen, in: Raumforschung und Raumordnung, Jg. 29, 1971

Geisenberger, S.: Spektralanalytische Methoden zur Untersuchung von Zeitreihen, in: Akademie f. Raumforschung u. Landesplanung (Hrsg.), Methoden der empirischen Regionalforschung (1. Teil), Hannover 1973

Gloge, K., Paulsen, H.: Die Bedeutung der neuen Naturschutzgesetzgebung und des neuen Bundesbaugesetzes für die Landespflege, Referat am Institut f. Landschaftspflege u. Naturschutz, Hannover 4. April 1977

Grimm, R.: Ökologische Auswirkungen landschaftsverändernder Massnahmen, in: Deutscher Rat für Landespflege (Hrsg.), Landespflegerische Probleme in der Region Unterelbe

Grochla: Organisation der Planung, in: Handwörterbuch der Organisation, Stuttgart 1969

Habermas, J.: Erkenntnis und Interesse, in: Habermas, J. Technik und Wissenschaft als Ideologie, Frankfurt/M. 1969

Mc Hale: The Changing Pattern of Future Research in the USA, in: Futures, June 1973

198

Hampe, J.: Die Bedeutung der Regressionsanalyse in der Regionalforschung, in: Akademie f. Raumforschung u. Landesplanung (Hrsg.), Methoden der empirischen Regionalforschung (1. Teil), Hannover 1973

Hansen, H., Klitzing, v. J. F.: Grundlagen des Raumbezugs f. computerunterstützte Raumplanung, in: Brunn, E., Fehl, G. (Hrsg.), Systemtheorie u. Systemtechnik in der Raumplanung, Basel 1976

Hanisch, J.: Stellenwert von Landschaftspflege u. Naturschutz im politischen Planungssystem der BRD, Diplomarbeit Hannover 1976

Hansmeyer, K.-H., Rürup, B.: Staatswirtschaftliche Planungsinstrumente, Tübingen 1973

Hanstein, H. D.: Prognoseverfahren in der sozialistischen Wirtschaft, Berlin 1970

Mc Harg: Design with Nature, New York 1971

Hartfiel, G.: Der Mensch als Systemelement oder Herr des Systems, in: Brennpunkt Systemtechnik (Hrsg.), Seminar Systemtechnik I, TU Berlin 1974

Häusler, J.: Sozio-technische Systeme, in: Brennpunkt Systemtechnik (Hrsg.), Seminar Systemtechnik I, TU Berlin 1974

Heller, K., Rosemann, B.: Planung und Auswertung empirischer Untersuchungen, Stuttgart 1974

Heidemann, C., Ries, H. O.: Raumordnung, Regional- und Stadtentwicklung – Ein methodisches Konzept –, Eschborn 1969

Heyke, D.: Moderne Verfahren der Entscheidungsvorbereitung und der Entscheidungsfindung, Kommunale Gemeinschaftsstelle für Verwaltungsvereinfachung, 1972

Hofmann, W.: Gesellschaftslehre als Ordnungsmacht, Berlin 1961

Hofmann, W.: Vom Werturteil in der Gesellschaftslehre, in: Hofmann, W., Universität, Ideologie, Gesellschaft, Frankfurt 1968/2

Hofmann, W.: Wissenschaft und Ideologie, in: Hofmann, W., Universität, Ideologie, Gesellschaft, Frankfurt 1968/1

Hujer, R.: Die Bedeutung von Prognosemodellen in der Stadt- und Regionalplanung, in: Brunn, E., Fehl, G. (Hrsg.), Systemtheorie und Systemtechnik in der Raumplanung, Basel 1976

Hujer, R.: Planungstechniken und makroökonomischer Planungsprozess, in: Zeitschrift für Nationalökonomie 31, 1971

Hummell, H. J.: Probleme der Mehrebenenanalyse, Stuttgart 1972

Hübener, A., Halberstadt, R.: Erfolgskontrolle politischer Planung, Göttingen 1976

Immler, H.: Aspekte zu einer politischen Ökonomie der Umwelt, in: Zeitschrift der TU Berlin, Heft 5, 1973

Jensen, J.: Der Begriff der Planung im Rahmen der Theorie sozialer Systeme, in: Kommunikation VI, 1970

Jansen, P. G.: Industrieller Flächenbedarf und Stadtplanung, in: Neue Folge der Materialsammlung für Wohnungs- und Siedlungswesen, Münster 1968

Junius, H.: Planungskartographie ein informationstheoretischer Ansatz, in: Brunn, E., Fehl, G. (Hrsg.), Systemtheorie und Systemtechnik in der Raumplanung, Basel 1976

Kähler, H.: Das Konzept des sozialen Netzwerks: Eine Einführung in die Literatur, in: Zeitschrift f. Soziologie, Jg. 4, H. 3, 75, F.

Kaiser, F.-J.: Entscheidungstraining, Bad Heilbrunn/OBB 1976

Kiemstedt, H., Thom, M., Heinrich, W.: Zur Bestimmung regionaler Naherholungsräume unter dem Aspekt einer langfristigen Flächensicherungspolitik, in: Akademie f. Raumforschung u. Landesplanung (Hrsg.), Ausgeglichene Funktionsräume (Teil 2), Hannover 1976

Kiemstedt, H.: Natürliche Beeinträchtigungen als Entscheidungsfaktoren für die Planung, in: Landschaft + Stadt, Heft 2, 1971

Kirsch, W.: Entscheidungsprozesse Bd. 1 – Verhaltenswissenschaftliche Ansätze der Entscheidungstheorie, Wiesbaden 1970

Kirsch, W.: Entscheidungsprozesse Bd. 2 – Informationsverarbeitungstheorie des Entscheidungsverhaltens, Wiesbaden 1971

Kirsch, W.: Entscheidungsprozesse Bd. 3 – Entscheidungen in Organisationen, Wiesbaden 1971

Kistenmacher, H., Eberle, D.: Einführung in die Probleme sozialer Indikatoren und ihrer Verwendbarkeit bei der Formulierung von Zielen der Landesentwicklungsplanung, Hannover 1975

Klatt, S.: Simulationsverfahren als Instrument der empirischen Regionalforschung, in: Akademie f. Raumforschung und Landesplanung (Hrsg.), Methoden der empirischen Regionalplanung (1. Teil), Hannover 1973

Klaus, G., Buhr, M.: Wörterbuch der marxistisch-leninistischen Philosophie, Hamburg 1972

Klaus, J.: Freizeitnutzen und wirtschaftsfördernder Wert von Naherholungsprojekten, Schriften zu Regional- und Verkehrsproblemen in Industrie- und Entwicklungsländern, Bd. 16. 1975

Klemmer, P., Müller, H.: Zusammenfassender Methodenüberblick, in: Akademie f. Raumforschung u. Landesplanung (Hrsg.), Methoden der empirischen Regionalforschung (1. Teil) Hannover 1973

Klemmer, P.: Die Shift-Analyse als Instrument der Regionalforschung, in: Akademie f. Raumforschung u. Landesplanung (Hrsg.), Methoden der empirischen Regionalforschung (1. Teil), Hannover 1973

Klemmer, P.: Die Faktorenanalyse als Instrument der empirischen Strukturforschung, in: Akademie f. Raumforschung u. Landesplanung (Hrsg.), Methoden der empirischen Regionalforschung (1. Teil), Hannover 1973

Koelle, H. H.: Die Anwendung der Simulation als Entscheidungshilfe, in: Brennpunkt Systemtechnik (Hrsg.), Seminar Systemtechnik I, TU-Berlin 1974

Koelle, H. H.: Kosten-Nutzen-Analyse, in: Brennpunkt Systemtechnik (Hrsg.), Seminar Systemtechnik I, TU Berlin 1974

Koelle, H. H.: Methoden der Zielanalyse, in: Brennpunkt Systemtechnik (Hrsg.), Seminar Systemtechnik I, TU Berlin 1974

Koelle, H. H.: Methoden der Zielanalyse, in: Aufbauseminar Systemtechnik III, TU Berlin 1972

Koelle, H. H.: System-Simulation, aus: Seminar Systemtechnik I, Berlin 1974

Koelle, H. H., Zangemeister, C.: Zielplanung, in: Brennpunkt Systemtechnik (Hrsg.), Seminar Systemtechnik I, TU Berlin 1974

Köhler, B. M.: Verfahren der Bewertung, Arbeitsberichte zur Planungsmethodik I, Stuttgart 1969

Kotarbinski, T.: Merkmale eines guten Plans, in: Alsleben, E., Wehrstedt, W., Praxeologie, Quickborn 1966

Kourim, G.: Wertanalyse – Grundlagen, Methoden, Anwendungen, Wien 1968

Kraft, V.: Grundlagen einer wissenschaftlichen Wertlehre, Wien 1951

Krallmann, H.: Der Modell-Methodenverbund in der Systemtheorie, in: Jörg Baetge, Norbert Brachthäuser, Reinhold Hömberb, Johann Jirasek (Hrsg.), Systemtheorie in Wirtschaft und Verwaltung – Ansätze und Anwendungen, Berlin 1978

Krauch, H. (Hrsg.): Systemanalyse in Regierung und Verwaltung, Bern 1976

Krause, C.: Wirkungsanalyse im Rahmen der Landschaftsplanung, Schriftenreihe f. Landschaftspflege und Naturschutz, H. 20, Bonn/Bad Godesberg 1980

Kreutzer, W.: Modellstrukturierungskonzepte diskreter Systembeschreibungssprachen, in: J. Baetge, N. Brachthäuser, R. Hömberg, J. Jirasek (Hrsg.), Systemtheorie in Wirtschaft und Verwaltung – Ansätze und Anwendungen, Berlin 1978

Kunst, F., v. Lüpke, D., Zander, P.: Methoden der Ziel- und Aktionsplanerschliessung, Manuskript FU Berlin 1970

Laage, G., Michaelis, H., Renk, H.: Planungstheorie für Architekten, Stuttgart 1976

Laage, G.: Umwelt und Mitbestimmung, München 1973

LEP-N: Niedersächsische Landesregierung: Landesentwicklungsprogramm Niedersachsen 1985, Hannover 1973

Landwehr, R.: Die Bedeutung deskriptiver Informationen in regionalpolitischen Planungsprozessen, Münster 1976

Lauffs, H. W., Zühlke, W.: Politische Planung im Ruhrgebiet, Göttingen 1976

Lenk, H.: Erklärung, Prognose, Planung, Freiburg 1972

Lenk, H.: Prologemena zur Wissenschaftstheorie der Planung, in: Lenk, H., Erklärung, Prognose, Planung, Freiburg 1972

Leykauf, H., Winkelmann, J.: Integrierte Datenverarbeitungssysteme, Instrument der sozialistischen Leitung, Berlin 1976

Loch, R., Lück, W.: Anwendung automatischer Kartierverfahren in der Stadt- und Regionalplanung, in: Brunn, E., Fehl, G. (Hrsg.), Systemtheorie und Systemtechnik in der Raumplanung, Basel 1976

Loske, H.: Netzplantechnik für Stadtplaner, in: Brunn, E., Fehl, G. (Hrsg.), Systemtheorie u. Systemtechnik in der Raumplanung, Basel 1976

Lüderwaldt, O.: Landschaftsplanung (Zielvorstellungen für Niedersachsen), in: Der Niedersächsische Minister für Ernährung, Landwirtschaft u. Forsten (Hrsg.), 30 Jahre Naturschutz und Landschaftspflege in Niedersachsen, Hannover 1976

Luhmann, N.: Politische Planung, in: Ronge, V., Schmieg, G. (Hrsg.), Politische Planung in Theorie und Praxis, München 1971

Mannheim: Mensch und Gesellschaft im Zeitalter des Umbaus, Bad Homburg / Berlin / Zürich 1967

Matthies, H. H.: Problematisierung von Kosten-Nutzen-Untersuchungen als Planungsinstrument im Bereich der Landespflege, Diplomarbeit TU Hannover 1977

Matthies, H. H., Bechmann, A.: Thesen zur Anwendbarkeit von Kosten-Nutzen-Analysen in der Landespflege – Ergebnisse einer empirischen Untersuchung –, in: Landschaft + Stadt *11,* (3), 1979

Mellerowicz, K.: Allgemeine Betriebswirtschaftslehre, Bd. IV, Berlin 1969

Menges, G.: Grundmodelle wirtschaftlicher Entscheidungen, Opladen 1969

Meyer, K.: Planung, in: Handwörterbuch der Raumforschung und Raumordnung, Hannover 1970

Müller, H.: Methoden der regionalen Analyse und Prognose, Hannover 1973

Meinke, D.: Regionale Interaktionsmodelle, in: Akademie f. Raumforschung (Hrsg.), Methoden der empirischen Regionalforschung (2. Teil), Hannover 1975

Martineck, M., Seidl, P.: Grundlagen der Clusteranalyse, in: Wirtschaftswissenschaftl. Studium, H. 2, 1974

Mertens, P.: Die Theorie der Mustererkennung in den Wirtschaftswissenschaften, in: J. Baetge, N. Brachthäuser, R. Hömberg, J. Jirasek (Hrsg.), Systemtheorie in Wirtschaft und Verwaltung – Ansätze und Anwendungen, Berlin 1978

Müller, J.: Grundlagen der Systematischen Heuristik, Berlin 1970

Müller, P.: Biogeographie und Raumbewertung, Darmstadt 1977

Müller-Merbach, H.: Operations Research, Berlin 1970

Myrdal, G.: Jenseits des Wohlfahrtsstaates, Stuttgart 1961

Naschold, F.: Systemsteuerung, Stuttgart 1969

Neuland, E.: Möglichkeiten zur rechtlichen Durchsetzung der Landschaftsplanung, Diplomarbeit TU Hannover 1977

Niedersächsischer Minister für Ernährung, Landwirtschaft u. Forsten (Hrsg.): 30 Jahre Naturschutz und Landschaftspflege in Niedersachsen, Hannover 1976

Niemeyer, G.: Einführung in die Digitale Systemsimulation, in: Brennpunkt Systemtechnik (Hrsg.), Seminar Systemtechnik I, TU Berlin 1974

Olschowy, R.: Umwelt-Wirkungsanalysen in England, in: Landschaft + Stadt *11* (4), 1979

Paffen, K. H. (Hrsg.): Das Wesen der Landschaft, Darmstadt 1973

Pampe, J., Stoffl, H.: Bildungsplanung: methodische Ansätze in der Hochschulplanung, in: Brunn, E., Fehl, G. (Hrsg.), Systemtheorie und Systemtechnik in der Raumplanung, Basel 1976

Pannitschka, W.: Wohnstandortmodelle: methodische Ansätze zur Analyse und Planung der räumlichen Organisation des Wohnungsmarktes, in: Brunn, E., Fehl, G. (Hrsg.), Systemtheorie und Systemtechnik in der Raumplanung, Basel 1976

Paschen, H., Krauch, H.: Methoden und Probleme der Forschungs- und Entwicklungsplanung, München 1972

Prognos AG: Methoden der Prioritätsbestimmung, Bonn 1971

Prüss, K. P., Tschoepe, A.: Planung und Sozialplanung, Weinheim 1974

Rat der Sachverständigen für Umweltfragen: Umweltgutachten 1974, Bundestagsdrucksache 7/2802, Bonn 1974

ROB-N: Niedersächsische Landesregierung: Raumordnungsbericht Niedersachsen 1976, Hannover 1976

ROP-N: Niedersächsischer Minister des Innern: Landes-Raumordnungsprogramm 1973, Hannover 1973

Ridder, P.: Dynamische Gestaltung sozialer Systeme, in: Schäfers, B. (Hrsg.), Gesellschaftliche Planung, Stuttgart 1973

Rieger, Ch.: Begriff und Logik der Planung, Wiesbaden 1967

Rilling, R.: Die Krise der bürgerlichen Wissenschaft und die Verantwortung des Wissenschaftlers, in: Blätter für deutsche und internationale Politik, Heft 10, 1975

Rittel, H.: Instrumentelles Wissen in der Politik, in: Stadtbauwelt 21/1969

Ropohl, G.: Einführung in die allgemeine Systemtheorie, in: Lenk, H., Ropohl, G. (Hrsg.), Systemtheorie als Wissenschaftsprogramm, Königstein 1978

Ropohl, G. (Hrsg.): Systemtechnik – Grundlagen und Anwendung, Carl Hanser Verlag, München-Wien 1975

Ropohl, G.: Grundlagen und Anwendungsmöglichkeiten der morphologischen Methode in Forschung und Entwicklung, in: WiSt., Heft 11, 1972

Salin, E.: Planung – der Begriff, seine Bedeutung, seine Geschichte, in: Plitzko (Hrsg.), Planung ohne Planwirtschaft, Tübingen 1964

Sauberer, M., Schraeder, W.: Methoden der empirischen Raumforschung, Dortmund 1976

Schaefer, H.: Die Schätzung regionaler Bewegungskomponenten von Zeitreihen mit Hilfe traditioneller Methoden, in: Akademie f. Raumforschung u. Landesplanung (Hrsg.), Methoden der empirischen Regionalforschung (1. Teil), Hannover 1973

Scharf, P.: Konstruktion als Systemsynthese, in: Ropohl, G. (Hrsg.), Systemtechnik-Grundlagen und Anwendung, München 1975

Scharpf, F.: Planung als politischer Prozess, in: Schäfers, B. (Hrsg.), Gesellschaftliche Planung, Stuttgart 1973

Schatz, H.: Politische Planung im Regierungssystem der Bundesrepublik Deutschland, Göttingen 1974

Schemel, H. J.: Methodische Ansätze und Verfahren zur Analyse von Belastungen, in: Landschaft + Stadt 10 (2), 1978

Schindowski, D.: Lineare Programmierung in der Raumplanung: Eine Systemtechnik vor dem Hintergrund unterschiedlicher Sichtweisen von Planungsprozessen, in: Brunn, E., Fehl, G. (Hrsg.), Systemtheorie u. Systemtechnik in der Raumplanung, Basel 1976

Schlosser, O.: Einführung in die sozialwissenschaftliche Zusammenhanganalyse, Reinbek 1976

Schmid, G., Freiburghaus, D.: Techniken politischer Planung: Vom Marktkalkül zum Plankalkül? , Leviathan, H. 1, 1974

Schmid, G., Treiber, H.: Bürokratie und Politik, München 1975

Schneider, H. K.: Planung und Modell, in: Schäfers, B., Gesellschaftliche Planung – Materialien zur Planungsdiskussion in der BRD, Stuttgart 1973

Schönebeck, K.: Systemsimulation im Rahmen des System Dynamics-Konzepts: Probleme der Anwendbarkeit, in: Brunn, E., Fehl, G. (Hrsg.), Systemtheorie und Systemtechnik in der Raumplanung, Basel 1976

Schraeder, W. F.: Automation und Raumplanung, in: Brunn, E., Fehl, G. (Hrsg.), Systemtheorie und Systemtechnik in der Raumplanung, Basel 1976

Sieverts, E., Klotz, V., Rutz, F.-M., Willmünder, K.-P.: Über die Zergliederung komplexer Problemstrukturen (Sonderdruck) o. J.

Sieverts, E., Kraemer, Pfennig: Erfahrungen mit der Zerkos-Methode, in: Bauen und Wohnen, Heft 7, 1971

Stachowiak, H.: Allgemeine Modelltheorie, Berlin 1973

Stachowiak, H.: Erkenntnis in Modellen, in: Lenk, H., Ropohl, G. (Hrsg.), Systemtheorie als Wissenschaftsprogramm, Königstein 1978

Stachowiak, H.: Gedanken zu einer allgemeinen Theorie der Modelle, in: Studium Generale 18, 1965

Stachowiak, H.: Grundriss einer Planungstheorie, in: Kommunikation 1, 1970

Stiens, G.: Vorausgesagte Entwicklungen und neue Strategien für den ländlichen Raum, in: Informationen zur Raumentwicklung, Heft 1/2, 1977

Strassert, G.: Nutzwertanalyse, in: Akademie f. Raumforschung u. Landesplanung (Hrsg.), Methoden der empirischen Regionalforschung (1. Teil), Hannover 1973

Strassert, G.: Regionale Kennziffern, in: Akademie f. Raumforschung (Hrsg.), Methoden der empirischen Regionalforschung (2. Teil), Hannover 1975

Strassert, G., Treuner, P.: Zur Eignung ausgewählter Methoden für die Bearbeitung typischer Fragestellungen der Raumplanung und der empirischen Regionalforschung, in: Akademie f. Raumforschung (Hrsg.), Methoden d. empirischen Regionalforschung, Hannover 1975

Strebel, H.: Forschungsplanung in Scoring-Modellen, Baden-Baden 1975

Sukopp, M., Trautmann, W., Kornell, D.: Auswertung der Roten Liste gefährdeter Farn- und Blütenpflanzen in der BRD für den Arten- und Biotopschutz, in: Schriftenreihe f. Vegetationskunde, Heft 12, Bundesanstalt f. Naturschutz u. Landschaftsökologie (Hrsg.), Bonn-Bad Godesberg 1978

Tenbruck, F.: Zu einer Theorie der Planung, in: Ronge, W., Schmieg, G. (Hrsg.), Politische Planung in Theorie und Praxis, München 1971

Treuner, P.: Fragestellungen der empirischen Regionalforschung, in: Akademie f. Raumforschung u. Landesplanung (Hrsg.), Methoden der empirischen Regionalforschung (1. Teil), Hannover 1973

Velsinger, P.: Entscheidungshilfen ohne explizitformulierte Ziele bei unvollkommener Information, Opladen 1971

Vente, R.: Planung wozu? , Baden-Baden 1969

Vester, F.: Ballungsgebiete in der Krise, Stuttgart 1976

Volpert, W.: Handlungsstrukturanalyse, Köln 1974

Werner, R.: Soziale Indikatoren und politische Planung, Reinbek 1975

Webb, E., Campbell, R., Schwartz, R., Seckrest, L.: Nichtreaktive Messverfahren, Weinheim 1975

Wegener, M.: Planungsmaschinen: Intelligente Computer für einen kommunikativen Planungsprozess, in: Brunn, E., Fehl, G. (Hrsg.), Systemtheorie und Systemtechnik in der Raumplanung, Basel 1976

Weichselberger, K.: Analytische Methoden der Vorhersage, in: Brennpunkt Systemtechnik (Hrsg.), Seminar Systemtechnik I, TU Berlin 1974

Weinberg, F., Zehnder, C. A.: Heuristische Planungsmethoden, Berlin 1969

Witter, G.: Gegenargumente und Alternativen zur Richtwertplanung, unveröffentl. Manuskript, TU Hannover 1976

Zangemeister, C.: Nutzwertanalyse in der Systemtechnik, München 1971

Zangemeister, C.: Bewertung von Projektalternativen − Ein Methodenüberblick −, in: Brennpunkt Systemtechnik (Hrsg.), Seminar Systemtechnik I, TU Berlin 1974

Zangemeister, C.: Einführung in die Methodik der Nutzwertanalyse von Projektalternativen, in: Brennpunkt Systemtechnik (Hrsg.), Seminar Systemtechnik I, TU Berlin 1974

Zangemeister, C.: Grundlagen der Zielfindung und Zielgewichtung, in: Brennpunkt Systemtechnik (Hrsg.), Seminar Systemtechnik I, TU Berlin 1974

Zangemeister, C.: Grundzüge der Nutzwertanalyse von Projektalternativen, in: Brennpunkt Systemtechnik I, Seminar Systemtechnik I, TU Berlin 1974

Zehnder, C. A.: Das Prinzip der heuristischen Methoden, in: Weinberg, F., Zehnder, C. A., Heuristische Planungsmethoden, Berlin 1969

Zentralinstitut f. sozialistische Wirtschaftsführung beim ZK der SED (Hrsg.): Operationsforschung in der sozialistischen Wirtschaft, Berlin 1969

Zentrum Berlin für Zukunftsforschung e. V.: Methoden zur Prioritätsbestimmung innerhalb der Staatsaufgaben vor allem im Forschungs- und Entwicklungsbereich, 1. Zwischenbericht, Berlin 1970

Stichwortverzeichnis

Ablaufschemata
    lineares- 58 ff. 62
    rückgekoppeltes- 45, 63
    zyklisches- 62
  -struktur 67
Aktion
  -ssubjekt 73
  -sobjekt 73
Analyse
    Matrix-Interdependanz- 176
Arbeits
  -methoden
    operationalisierte-- 120
  -produkt 141
  -regel 141
  -teilung 141
  -vorgang 141
    schematisierter-- 120
  -weisen
    methodische-- 118
Argumentation
    fachwissenschaftliche- 174
    verbale- 174
Aufbaustruktur 67
Ausgangssituation 96
Aussensteuerung 161
Bestandswerte 160
Bewertungs
  -struktur 104
  -verfahren 103, 106
    operationalisiertes-- 106
Darstellungshäufigkeit 138
Denkweise
    mathematisch-strukturelle- 123
    bildhafte- 123
Empfänger 90
Endsituation 96
Entscheidung 94, 95
  -bei Risiko 100
    institutionalisierte- 38
    landschaftsplanerische- 38
  -modell 97

    politische 35,36
  -prozess 97
    rationale 96
  -regel 97
    verlauf 97
Entsubjektivierung 143
Erfahrung 140
Ex-post-Kontrolle 147
Geltung 105
Gliederungsmuster 28
Grenzwert 161
Handlung 27, 81
  -anleitung 159
    gesellschaftliche- 27
    individuelle- 27
    institutionalisierte- 35
  -instrument 124, 156
    konzept 142
    kollektive- 35
    politische- 36
    sprozess 54
    ssystem 67
    technische- 118
Heuristik 121
Hierarchisierung 143
Information 90
  -bedarf 89
  -beschaffung 66
  -gewinnung 88, 93
    planungsrelevante- 88, 90, 93
  -sender 53
  -theorie 90
    quellen 93
  -verarbeitung 88
Input-Output-System 168
Instrument 119
  -fachplanerisches- 145
Interaktion 27, 119
Kanal 90
Kausalgesetz 167
Kommunikation 119
Konfliktregulierung 29

Kontrolle 143
Kontrollphase 124
Korrektivprognose 154
Landschaft 17
  -plan 28
    −Buchwald 28
  -planung 20−24, 28, 29, 35, 39, 41
      präventive-- 29
      reaktive-- 29
      Selbstverständnis der-- 41
Leitbildfunktion 146
Mealy-Automat 168, 169
Methode 119, 123, 140
Mittel
  finanzielle- 27
Modell 57
  -begriff 53, 55
  Begriffs- 57
  biologisches- 57
  graphisches- 57
  kooperatives Arbeitsgruppen- 112
  praxeologisches- 75
  projektgruppen 112, 113
  Sender-Empfänger- 90
  Stab- 112
  systemtechnisches- 68
  technisches- 57
  -theorie 57
Nachricht 90
  -übertragungssystem 90
Natur
  -haushalt 23
  -potential 23
  -schutz 23
Operationalisierung 120
Ordnungsmuster 124
Operationresearch 130
Ordnungsschema 124
  -allgemeine 124
  -fachspezifische 124
Planung
  politische- 36, 37
  reaktive- 29
  staatliche 36
  technokratische- 144

Planungs
  -ablauf 58
  -begriff 54
  -betroffene 144, 164
  -definition 53−56
  -entscheidung 96
  -ethik 143
  -instrument 169
  -gruppe 71
  -häufigkeit 137
  -horizont 114
  -interessierte 164
  -moral 143
  -methodik 115, 117, 124, 127, 140
  -modell 78
    --Rieger 65, 72
    −Ropohl 66, 72
    −Laage 72
    praxeologisches-- 77
  -problem 87
  -prozess 48, 52, 54, 55, 58, 62, 87, 88, 94, 111, 116, 117
  -realisation 58
  -subjekt 68, 73
  -tauglichkeit 137
  -techniken 124
  -theorie 42, 47, 48, 50, 52, 58
  empirische-theorie 55
  -träger 61
  -typen 53
  -verfahren 124, 138
  -wissen 50
  -ziel 58, 145
Politik 35
  -er 163
Problem
  planungskonzeptionelles- 170
  planungstechnisches- 170
Problemlösungsprozess 59
Produkt
  formalisiertes- 141
Produktion 18, 40
  -interessen 40
  -kosten 40
  -prozess 19
  -weise 19

Projektmanagement 71
Quantifizieren 107
Quantifizierungsvorschrift 107
Realisisreungshorizont 113
Reproduktion 18, 39
   -ansprüche 39
   -bedürfnisse 40
   -interessen 24, 39
   -kosten 39
   -prozess 39
Richtwerte 158
   sozio-ökonomische- 159
   technologische- 159
   wert-/interessengeformte- 160
Rollenträger 51, 53
Rückkoppelungsbeziehung 62
Sachsystem 67
Scenario 177
Sender 90
Signal 90
Simulation 180
Skalen 107
   Intervall- 110
   Kardinal- 109
   Nominal- 109
   Ordinal- 109
   Verhältnis- 110
Spezialisierung 141
Subsysteme 70
System 187
   dynamisches- 189
   -gegenwart 190
   -gekoppeltes- 191
   -geschichte 190
   geschlossenes- 188
   kybernetisches- 72
   Nachrichtenübertragungs- 91
   offenes- 188
   rückgekoppeltes- 192
   statisches- 189
   -umgebung 188
   -zukunft 190
   -zustand 190

Theorien 32, 48, 50,
Trendextrapolation 167
Umweltprogramm DGB 40
Verfahren 119, 123, 140
Vorgehen
   analytisches- 122, 142
   ganzheitliches- 122
   intuitives- 121
   iteratives- 121
   systematisches- 122
Wertsystem 96
Wertträger 106
Wertung 102
   individualistische- 104
   intersubjektive- s. Werturteil
Werturteil 104
Wirkungs
   -analyse 145, 164, 169, 171
     prognostische-- 165
     retrospektive-- 165
     konkrete-- 165
   -horizont 113
   -ketten 177
   -prognose 171
Wissenschaft 48
Zeit 113
   -struktur 113
   -horizont 113
Ziel 145−148
   -analysen 156
   -indifferenz 149
   -komplementarität 149
   -konkurrenz 149
   -planung 74, 152
   -planungsprozess 152
   -projektionen 135, 136
   -projektionen 153
   -substituierbarkeit 149
   -system 59, 67, 147, 149, 153, 156
   -werte 160
Zweck-Mittel-Handeln 81, 119
Zweck-Mittel Rationalität 80, 142

Prof. Dr. Joachim Klaus und Werner Vauth

Stadtentwicklungspolitik

Schriftenreihe „Beiträge zur Wirtschaftspolitik" 23. 258 Seiten, gebunden Fr./DM 34.— kartoniert Fr./DM 24.—

lic. rer. pol. Jürg Bucher, PD Dr. Walter Konanz und Prof. Dr. Otto Messmer

Stadtentwicklung in kleinräumigen Regionen

Eine Modellanalyse und ihre empirische Anwendung am Beispiel der Region Bern.
Schriftenreihe „Berner Beiträge zur Nationalökonomie" 32. 88 Seiten mit 17 Abbildungen und 8 Tabellen, kartoniert Fr./DM 24.—

PD Dr. Walter Konanz

Wohnen und Arbeiten als städtische Grundfunktionen

Ein Simulationsmodell und seine praktische Anwendung am Beispiel Mannheim.
Schriftenreihe „Berner Beiträge zur Nationalökonomie" 31. 104 Seiten, kartoniert Fr. 28.— / DM 31.—

Verlag Paul Haupt Bern und Stuttgart

Prof. Dr. Helmut Krauch (Hrsg.)

Systemanalyse in Regierung und Verwaltung

„Beiträge zur Wirtschaftspolitik" 27. 2. Auflage 1976. 340 Seiten, Leinen Fr./DM 53.–, Studienausgabe kartoniert Fr./DM 28.–

Die Beiträge dieses Bandes sind während der Systemanalyse des Bundeskanzleramtes in den Jahres 1968 bis 1970 entstanden. Hier wurde erstmals in der Bundesrepublik eine politische Spitzenbürokratie mit dem Instrumentarium der Systemanalyse untersucht. Dabei mussten die technizistischen Vorstellungen, die mit dem früheren Begriff „systems analysis" verbunden waren, kritisch geprüft werden.

Prof. Dr. Klaus Lompe

Gesellschaftspolitik und Planung

Probleme politischer Planung in der sozialistischen Demokratie

„Beiträge zur Wirtschaftspolitik" 26. 2. Auflage 1976. 356 Seiten, kartoniert Fr./DM 28.–

Der Autor, wissenschaftlicher Berater verschiedener Planungsinstitutionen, untersucht hier Notwendigkeit, Möglichkeit und Grenzen politischer Planung in der Demokratie unter soziologischen, politologischen und verfassungspolitischen Gesichtspunkten.

Verlag Paul Haupt Bern und Stuttgart

Prof. Dr. Wilhelm Hill

**Möglichkeiten künftiger Gestaltung
der Planung beim Bund**

Schriftenreihe „Staat und Politik" 15. 96 Seiten, kartoniert
Fr. 15.80 / DM 17.80

Der Verfasser, der sich mit den Leitungs- und Planungsproblemen
privater Grossunternehmungen wie der öffentlichen Verwaltung
praktisch und theoretisch auseinandergesetzt hat, liefert mit dieser knappen, klar geschriebenen, wohlfundierten Schrift die ideale
Grundlage für die Diskussion über die künftige Rolle der Planung
in Politik und Verwaltung.

Verlag Paul Haupt Bern und Stuttgart